Une Ame Sœur

D'EUGÉNIE DE GUÉRIN

Mlle Octavie de Gallery

PARIS

RENÉ HATON, LIBRAIRE-ÉDITEUR

35, RUE BONAPARTE, 35

(Près St-Germain-des-Prés)

UNE AME

SŒUR

D'EUGÉNIE DE GUÉRIN

UNE AME

SŒUR

D'EUGÉNIE DE GUÉRIN

MLLE OCTAVIE DE GALLERY

PAR

L'Abbé H. BUREL

PARIS

RENÉ HATON, LIBRAIRE-ÉDITEUR

35, RUE BONAPARTE, 35

(Près St-Germain-des-Prés)

Monsieur l'Abbé,

Je viens de terminer l'intéressante lecture de votre manuscrit... Il n'est pas long, malheureusement! On s'attache tellement à la belle âme que vous y faites connaître, que l'on voudrait plus de détails sur elle. Mais vous avez si bien enchâssé les joyaux dont vous révélez la valeur, qu'ils forment une parure splendide, bien faite pour honorer cette sainte mémoire.

L'on vous saura gré de faire faire du bien, même après sa mort, à celle qui a tant aimé Dieu et les âmes. Votre ouvrage ne peut manquer d'être accueilli avec sympathie et de réussir...

Permettez-moi d'applaudir particulièrement aux pages vraiment admirables sur la mission de la femme dans la société, sur la paix, le recueillement, sur chacune des vertus qui ornaient le cœur de Mlle de Gallery. Vous la faites tellement aimer et admirer, que me voilà priant pour elle (tout en ayant la conviction qu'elle n'en a nul besoin), comme si je l'avais connue, moi aussi.

Faites-moi la charité de demander à Dieu qu'il me fasse quelque peu ressembler à cette âme merveilleuse.

Agréez, Monsieur l'Abbé, l'hommage de mon profond respect et de mes sentiments les plus distingués.

Vve MONNIOT.

INTRODUCTION

« Pourquoi, demande M. de Montalembert, dans l'une de ses biographies, pourquoi avoir révélé cette douce et innocente
vie ? — Ne doit-on pas, quand on a découvert ici-bas une âme tendre à chérir,
une imagination pure à caresser, une réputation sans tache à vénérer, ne doit-on
pas la garder pour soi, et ne pas l'exposer
à être ternie par le souffle glacial et impur
de la moquerie et de la critique ? Pourquoi
vouloir que, pour ces âmes qu'on aime,
cette triste vie dépasse les bornes du tombeau ?

« Pourquoi ? répond-il.

« Parce qu'il est bon que même, dans cette triste vie, ces pures et touchantes existences soient mises au grand jour ; afin que les bonnes et belles âmes apprennent à se compter, à se connaître, à croire en elles-mêmes, à ne pas perdre en défiances craintives ces précieux jours d'épreuve. »

Biog. Novalis.

Les saints qui, dès cette vie, « ont usé du monde comme n'en usant pas (I Cor. vi, 31) », s'inquiètent peu sans doute, du haut du Ciel où ils règnent avec Dieu, de laisser un nom et des souvenirs sur la terre. Mais il nous importe, à nous, de ne les point oublier, d'étudier leur vie, de marcher sur leurs pas ; car ils ont quitté la terre d'exil, regagné la Patrie, nous traçant le chemin que nous devons suivre, chemin bordé par leurs exemples toujours vivants et em-baumé du parfum de leurs vertus.

Notre-Seigneur Jésus-Christ « est la

voie, la vérité et la vie (Jean, XIV, 6) ». A l'entrée de cette voie royale du Ciel, est écrit : « Soyez parfaits, comme votre Père Céleste est parfait (Matth., V, 48) ». Pour encourager notre faiblesse, Dieu a échelonné le long de cette voie ses milliers de saints de tout âge, de tout sexe, de toutes conditions qui nous crient : « Imitez-nous, comme nous avons nous-mêmes imité Notre-Seigneur Jésus-Christ. » (I Cor., IV, 16... « N'êtes-vous pas capables de ce que ceux-ci, de ce que celles-là, de ce que tant d'autres ont fait? » (Saint Augustin.)

Les saints sont comme autant d'astres lumineux placés entre Dieu et nous, qui réfléchissent à nos yeux, sous toutes les couleurs, l'éclat divin du Soleil de Justice; leurs fêtes sont autant de tableaux qui nous sont proposés pour nous servir de modèles.

Mais, il faut bien l'avouer, la vie de la plupart des saints canonisés prête plus à notre admiration qu'à notre imitation. Leurs miracles, presque seul souvenir que l'Histoire nous ait conservé d'eux, excitent sans doute notre enthousiasme, fortifient notre foi, animent notre confiance et nos prières. — Mais de leur vie intime, de la pratique journalière de leurs vertus, de toutes ces fleurs odoriférantes qui formaient de leur âme un parterre si agréable aux yeux de Dieu, c'est à peine si un léger souffle nous en transmet quelques parfums ; de ce foyer embrasé de leur cœur, c'est à peine si quelques rayons affaiblis ont pénétré jusqu'à nous. — Leurs miracles et leur héroïsme nous apparaissent comme ces hauts toits, qui, vus de loin, permettent de juger de la grandeur d'un édifice, mais sans nous en révéler les détails et les admirables proportions.

De nos jours encore, des saints nombreux de toutes les conditions, âmes d'apôtres, vierges pures, héroïques mères de famille honorent et sanctifient la face de la terre; mais leurs vertus, le plus souvent accomplies dans l'humilité, sous le regard de Dieu, sont ensevelies dans les ténèbres de l'oubli, jusqu'au jour où, devant l'Univers assemblé, elles resplendiront de la gloire des Élus.

Elles sont donc aussi précieuses que rares, les biographies qui nous permettent de pénétrer dans l'âme des Justes; d'assister à leurs luttes intérieures; de voir l'impression des sens et les noires vapeurs, vomies par l'enfer, glisser sous le souffle de la grâce, sur leur esprit et leur cœur, sans laisser de traces, semblables à ces nuages de la nuit, que le vent frais du matin dissipe à l'horizon; d'y lire, comme dans un livre ouvert, leurs pensées si pures et leurs sentiments si élevés; d'y contempler ces vertus aux mille nuances, qui s'épanouissent sous les rayons du Soleil de Justice, comme autant de fleurs éclatantes, et d'en respirer les doux et suaves parfums.

Ce n'est point l'histoire proprement dite d'une vie que je révèle, mais bien plutôt la vie d'une âme sanctifiée sous le regard de Dieu, au milieu du monde et de ses frivolités.

Toutes ces confidences, où elle fera couler sous nos yeux le flot si pur de ses pensées et nous dévoilera les replis les plus cachés de son cœur, sont le secret de lettres intimes et du Journal plus intime encore de son âme.

Témoin jadis de l'accueil sympathique fait aux révélations d'une vie si en rapport avec celle que je présente aujourd'hui, je prends la liberté de l'intituler : *Une Âme sœur d'Eugénie de Guérin.*

UNE ÂME

SŒUR

D'EUGÉNIE DE GUÉRIN

CHAPITRE PREMIER

FAMILLE DE GALLERY

La famille de Gallery est entrée dans la noblesse française vers le milieu du xviie siècle ; mais depuis longtemps, elle occupait un rang élevé dans la meilleure bourgeoisie.

Peu de titres de noblesse ont une origine aussi pure et aussi glorieuse.

Durant les troubles de la Fronde, Thomas Gallery, sieur de la Tremblaie, originaire du Passais (de Saint-Fraimbault), conseiller du Roi et Receveur du domaine royal de Dom-

front, s'acquittait des fonctions délicates de sa
charge, avec un désintéressement et un courage
qui lui valurent les félicitations de la Régente.

On vante dans ses lettres d'anoblissement
« les recommandables services qu'il avait rendus en la province de Normandie pendant les
derniers mouvements ».

Thomas Gallery avait six fils qui, tous,
avaient embrassé la carrière militaire. Robert
Gallery, l'aîné, fut l'un des officiers distingués
de l'armée française et joua un rôle important
dans les hauts faits militaires du grand siècle,
comme on en peut juger d'après ses titres de
noblesse du 21 mars 1656.

Dans ces lettres d'anoblissement, sur la demande sans doute du fils, figure également le
père : ce qui anoblit toute la famille :...

« A ces causes et autres considérations, à ce
Nous mouvans, avons ledit Robert Gallery, ensemble ledit Thomas Gallery, son père, sa
postérité et ligne masculine et féminine, nays
et à naître en loyal mariage et chacun d'eux...
anobly et anoblissons. »

Les hauts faits militaires de Robert Gallery
sont ainsi signalés :

« S'étant ledit Gallery fils, depuis treize ans entiers [il serait plus vraisemblable de lire *trente ans*. Car, comment supposer qu'un soldat de fortune au xviie siècle, après deux ou trois ans de service militaire, eût joué à la bataille de *Lhorens* un rôle assez important, pour être désigné par le vice-roi de Catalogne, en qualité de son *lieutenant-gouverneur* de la Tersane et arsenal de Barcelone alors menacée par les armées de terre et de mer de l'Espagne. . . . .

. . . .

« S'étant ledit Gallery fils attaché à notre service dans nos armées, tant en qualité de volontaire qu'en plusieurs charges et emplois considérables à quoi il est parvenu, a donné des preuves de sa valeur en toutes les rencontres, batailles, assauts et parties de guerre et autres occasions tant dedans que hors notre royaume, où il a reçu plusieurs grandes blessures.

. . . .

« Attaché à notre très cher cousin, le comte d'Harcourt, grand écuyer de France, lorsqu'il était vice-roi en Catalogne, il fut blessé à la bataille de Lhorens, et reçut l'ordre de se retirer à Barcelone et d'y faire la charge de lieutenant dans la Tersane et arsenal de ladite ville.

« Il y avait là pour lors cinq à six mille prisonniers de guerre, que l'armée navale des ennemis, composée de vingt-cinq galères et de quarante-cinq vaisseaux, voulait dégager par l'intelligence des malintentionnés habitants de la ville, dont la grande trahison a été depuis découverte en partie par la vigilance, l'adresse et les soins extraordinaires dudit Gallery qui fit, pendant trois jours consécutifs, un si grand feu de canon et de mousqueterie sur ladite armée navale, témoignant vouloir descendre à la Tersane, à la faveur d'une brèche établie pour mettre deux grands vaisseaux en mer, et tint la garnison qu'on prétendait égorger et la place qu'il commandait, en si bon état, que, ni l'armée navale, ni lesdits prisonniers de guerre, ni les malintentionnés habitants ne trouvèrent aucun lieu de pouvoir exécuter leurs mauvais desseins contre notre service.

« Joint qu'il s'est encore notamment signalé

à la bataille de Lens, dans laquelle ayant été blessé dès le premier choc de deux coups de pistolet, ne laissa pas pour cela de poursuivre si vigoureusement le général Beck, qu'il blessa à mort et fit le lieutenant-général prisonnier.

[Faut-il entendre par ce lieutenant-général, Beck lui-même d'abord blessé à mort, puis fait prisonnier? Cela ne semble point douteux; car Beck, étant lieutenant-général du roi d'Espagne, figurait surtout à ce titre à la tête de l'armée ennemie.]

« A quoi, on peut ajouter tous les autres services qu'il nous a rendus, sous nos très chers cousins le comte d'Harcourt, les maréchaux de Gassion, de Rantzau, de Grammont, de la Motte du Plessis, de la Ferté, d'Aumont, de Grancé, de Clérambault, d'Estampes, d'Havrincourt, et en ces dernières campagnes, sous notre très cher cousin le prince de Conty et pareillement sous notre cousin le duc de Candale. »

Paris, le 21 mars 1656.

Enregistré à la cour des aides

Le 9 février 1657.

Les trois faits particulièrement signalés à l'honneur de Robert de Gallery, sont la bataille de Lhorens, la défense de Barcelone, et la victoire de Lens.

Citons l'historien Mézeray sur les deux épisodes de la guerre de Catalogne, et le duc d'Aumale à propos de Lens.

« Le comte d'Harcourt passa la Sègre sur un pont de cordes, cherchant une occasion de battre les ennemis.

« Il les rencontra le 22 juin 1645, dans les plaines de Lhorens, où de simples escarmouches engagèrent peu à peu une bataille générale. Les Espagnols y perdirent trois mille hommes, sans les prisonniers. Ils se retirèrent sous le canon de Balaguier, où ils furent assiégés par le comte d'Harcourt qui termina la campagne par la réduction de cette place (octobre).

« Il n'en fût pas demeuré là sans doute, sans une conspiration des Catalans de Barcelone, qui l'obligea d'y retourner. Elle s'était formée dès l'année précédente et avait été tenue fort secrète. C'était une femme qui avait toute la conduite du projet, et avec qui le duc de Taralto l'avait concertée par les ordres de

la cour d'Espagne. L'armée navale d'Espagne
avait ordre de se tenir prête, et six mille
hommes de terre devaient se présenter devant
les murailles de la ville pour l'assiéger. Le
jour était assigné au 8 septembre.

« Mais les six mille hommes ayant manqué,
et la flotte ayant paru deux fois inutilement,
les conjurés échouèrent dans leurs mesures,
qui furent éventées par le *gouverneur* (R.
Gallery). Celui-ci fit part de ses soupçons au
vice-roi, qui vint en diligence. »

Nous savons par ce qui précède, cité de ses
lettres d'anoblissement, que le rôle de Robert
Gallery, en ce grave incident, fut bien autrement important que ne le relate Mézeray.

A son retour en France, un fait non moins
glorieux l'attendait dans l'armée du grand
Condé.

Mais comment R. Gallery passa-t-il sous
les ordres du héros le plus illustre de son
siècle ?

Mazarin, effrayé des continuelles et éclatantes
victoires, de la popularité chaque jour crois-
sante du prince de Condé, vainqueur de Rocroi,
de Thionville, de Fribourg, de Philippsbourg,

de Nordlingen, de Dunkerque, sans espoir de
s'attacher ce jeune héros indépendant, parent,
allié et ami de toute la coalition qui se formait autour de lui, Mazarin imposa à Condé
le gouvernement de la Catalogne, sans lui
fournir les moyens d'y ramener la victoire.

Le 21 mars 1647, Condé partit pour la Catalogne; et le 27 mai, il commençait le siège
de Lérida réputée imprenable.

Le 18 juin, il fut contraint d'en lever le
siège en face d'une armée espagnole qu'il crut
prudent de ne point attendre avec sa petite
troupe décimée par les maladies et manquant
de tout.

Au moins d'octobre, il reprit l'offensive,
s'empara de plusieurs places; et maître de la
position, en état d'achever la campagne au
printemps, il partit pour Paris le 7 novembre.

A la cour, où Condé avait beaucoup de jaloux, son retour non accompagné des triomphes habituels, fut accueilli presque comme
un échec.

L'armée du Nord, en son absence, s'était
gravement compromise. Mazarin, qui avait
prétendu diriger la campagne et choisir les

officiers, n'obtint que des défaites. Il fallut bien songer à Condé, pour réparer les désastres.

« Condé, dit le duc d'Aumale, fit alors revenir de Catalogne ses quatre régiments, pour l'accompagner. » R. Gallery en fit partie.

Condé allait se trouver en face de l'archiduc Léopold, frère de l'empereur d'Autriche, et de Beck, lieutenant-général du roi d'Espagne, qui revenaient de conquérir Lens, avant qu'on eût pu lui porter secours.

Le récit de la bataille de Lens occupe trente pages du bel ouvrage du duc d'Aumale, *Les princes de Condé*.

R. Gallery mérite bien que nous citions au moins l'épisode où, sans être nommé, il joue l'un des principaux rôles.

« L'armée était réduite par la misère, les désertions, les détachements surtout, à seize mille combattants.

« Le prince prit la droite, assigna la gauche au maréchal de Grammont, le centre à Châtillon, et la réserve à d'Erlach.

« L'armée ennemie, forte de plus de vingt-cinq mille combattants, était sous les ordres

de l'archiduc Léopold, du général Beck et
de Fuensaldana. . . . .

. . . .

« La réserve d'Erlach fait face en arrière,
la deuxième ligne de la gauche suit, puis la
première, sans quitter l'ordre de bataille;
l'aile droite couvre le mouvement.

« Tout est en liesse chez les Espagnols,
en face des Français en retraite, avant d'a-
voir même combattu. La cavalerie lorraine
est là tout entière. C'est la plus redoutée
d'Europe; rarement, elle est engagée; son
choc a toujours été terrible.

« La gendarmerie française charge. Condé
en personne conduit sept escadrons à son
secours. La cavalerie lorraine enfonce notre
cavalerie légère.

« Condé commande; et un simple demi-
tour individuel transforme la retraite en offensive. Notre armée que l'on croyait presque
en fuite apparaît subitement, toute déployée,
et marchant à l'ennemi. Le canon la précède.
Notre aile droite se retrouve en face de la
cavalerie lorraine. Condé est au front, entre
deux escadrons éprouvés de Gassion dont

semble avoir fait partie R. Gallery, cité pour
avoir servi sous les ordres de ce maréchal.
— « Souvenez-vous de Rocroi, » crie Condé,
l'épée à la main. Huit escadrons lorrains
s'avancent sur eux, Condé appelle sa deuxième
ligne qu'il fait passer en avant ; ce sont les
escadrons enfoncés le matin ; il se met à leur
tête et ils le suivent vaillamment.

« D'Erlach paraît sur le flanc ; tandis qu'à
gauche Grammont combat avec succès.

« Entre ces deux actions de cavalerie,
à droite et à gauche, les deux centres des-
cendent l'un vers l'autre. Beck conduit les
Espagnols. Les trois bataillons de garde française et suisse s'engagent dans les rangs
ennemis. Beck lance sur eux infanterie et
cavalerie. Ce fut un effroyable massacre...
Mais Châtillon recueille les débris des régiments culbutés ; et l'infanterie, lançant des
salves régulières, s'avance, correcte, comme
à la parade. Tout plie, tout recule devant
elle, et bientôt tout fuit.

« D'Erlach avec sa réserve, prend en flanc
la cavalerie lorraine qui, plus nombreuse,
débordait celle de M. le prince, s'unit à

Condé ; et leurs forces réunies triomphent de
la fameuse cavalerie lorraine.

« Condé et Grammont, tous les deux vic-
torieux, l'un à gauche, l'autre à droite, réunis prennent à revers le centre ennemi. *Un
coup de feu fracasse l'épaule du général
Beck,* qui commande le corps de bataille es-
pagnol. La panique saisit les escadrons ennemis attachés à l'infanterie qui, malgré sa
résistance héroïque, est enfoncée de toutes
parts.

« La cavalerie se partage la poursuite.
L'archiduc, saisi au collet, faillit être pris.

« Beck tombé, épuisé par la perte de son
sang, est conduit à Arras, dans le carrosse
de Condé.

20 août 1648.

« Beck expira deux jours après, sans avoir
proféré une parole, arrachant ses bandages,
pour mettre fin à une vie qu'il ne voulait
pas devoir aux Français. »

On lit en note : « D'après un document
authentique, Beck aurait été blessé à mort
par Robert de Gallery, officier de cavalerie.

(Lettres d'anoblissement conférées audit de Gallery le 21 mars 1656) — (Archives de la Seine-Inférieure) (1).

« Après tant de signalés services, de glorieux faits d'armes; la patience, avec laquelle R. Gallery attend ses lettres de noblesse, annonce chez lui une rare modestie, plus ambitieuse de mériter que de recevoir la récompense.

Il est vrai que la Régente et son ministre italien, au milieu des intrigues de la Cour, avaient d'autres préoccupations que l'anoblissement des dévoués serviteurs de l'honneur national; et le héros de Rocroi et de Lens, prisonnier, exilé, presque contraint à la révolte, était bien loin de son fidèle et dévoué compagnon d'armes.

Quand on offrit la noblesse à R. Gallery, à la fin sans doute de sa carrière militaire, abrégée par ses nombreuses blessures, plus soucieux de sa famille que de lui-même, par un sentiment touchant de respect filial et d'amour fraternel, il demanda qu'on la con-

(1) *Histoire des princes de Condé*, par le duc d'Aumale. Calmann-Lévy, éditeurs.

férât en même temps à son père. — C'est ainsi que toute la famille de Gallery fut anoblie.

Une épée, la pointe en haut, supportant la couronne royale, entre deux croix de Lorraine, forme les armoiries de la famille.

Le blason de Robert de Gallery, comme on le voit,... ainsi que le privilège de son père « *avec toute sa postérité et ligne masculine et féminine* » ont un rapport trop frappant avec les armoiries et le privilège de Jeanne d'Arc, pour qu'on ne se demande pas si réellement l'on ne s'est point proposé d'y faire allusion.

M. de Beaurepaire, archiviste de Rouen, nous a écrit, en date du 20 janvier 1902, que ces armoiries si curieuses ont disparu du titre nobiliaire déposé à Rouen :

« Une main barbare, nous dit-il, à une époque inconnue, a découpé l'écusson et enlevé en même temps une partie du texte. »

La famille de Gallery, ou du moins la branche principale vint se fixer à Mantilli, grosse paroisse du Passais, assez probablement à la suite d'une alliance avec la famille de Hercé.

La dernière représentante de cette famille,
à Mantilli, décédée en 1873, possédait le pistolet toujours conservé comme l'arme victo-
rieuse, qui frappa à mort le général Beck à
Lens.

C'est de cette dernière représentante de la
famille qu'il va être question.

CHAPITRE II

ENFANCE ET JEUNESSE D'OCTAVIE DE GALLERY

Pendant les jours les plus mauvais de la
Révolution, le manoir de la famille de Gallery
devint l'asile de plusieurs prêtres, qui, grâce
à l'énergie des propriétaires, purent échapper
à toutes les recherches, administrer les sacrements et entretenir la foi dans la contrée.

Ce fut dans cette demeure consacrée par la
foi et le dévouement que, le 8 novembre 1811,
de l'union de M. Alexis de Gallery avec
Mlle Sophie de Montgeron, naquit Octavie de
Gallery.

M. et Mme de Gallery, malgré leur instruction fort négligée au milieu des frayeurs et
des persécutions de ces temps malheureux,

n'en étaient pas moins des personnes de bonne société et d'une réelle distinction.

Ils étaient de ces pères et mères vénérables, « dont toute la pensée est de transmettre à leurs enfants, comme un dépôt sacré, dans une éducation sérieuse, le triple héritage d'honneur, de vertu et de religion reçu et conservé de génération en génération, avec une inviolable fidélité. » (Mgr Dupanloup, *De l'Éducation*.)

Mme de Gallery était une mère, à toute la hauteur de sa mission. Elle comprenait que Dieu lui avait confié l'âme plus encore que le corps de ses enfants. Aussi veillait-elle sur cette âme comme sur la prunelle de ses yeux. Elle portait réellement dans son cœur ses trois petites filles, qu'elle suivait sans cesse du regard de l'âme plus encore que des yeux du corps. Attentive à toutes leurs pensées et affections, comme à tous leurs pas, elle formait leur esprit et leur cœur en même temps que leur extérieur, imitant à la fois les deux emblèmes de l'amour maternel, dont il est parlé dans la Sainte Écriture : la *poule* qui veille sur ses poussins errants, les rappelle à chaque ins-

tant pour les couvrir de sa tendresse et de sa
chaleur; et l'*aigle*, qui montre aux siens le
ciel, et leur apprend à s'élever au-dessus de
la terre. Sa sollicitude maternelle et son affection lui faisaient redouter l'éloignement de
ses enfants; il lui eût été si doux et si rassu-
rant de leur donner elle-même la nourriture
de l'esprit. Mais le prix de l'instruction, dont
elle comprenait d'autant mieux l'importance
pour ses enfants, qu'elle en avait été privée
elle-même, dut lui imposer le sacrifice, si pénible à son cœur de mère chrétienne, de s'en
séparer pour les confier à des mains étrangères.

Octavie annonça de bonne heure une raison
bien au-dessus de son âge. Élevée sous l'œil
de sa mère qui, dès le berceau, cherchait à
faire passer son âme avec ses pensées et sentiments dans celle de ses enfants; habituée dès
l'âge le plus tendre au raisonnement et à la
vie sérieuse, elle ne connut guère les jeux et
les divertissements de la première enfance.
Elle avait entendu dire à sa mère qu'à sept ans,
on cesse d'être enfant; elle voyait approcher
cet âge comme une époque solennelle de la

vie, et elle s'y préparait longuement à l'avance par l'éloignement de tout ce qui sent l'enfance. Le jour même de sa septième année, M. le curé de la paroisse vint rendre visite à sa famille. Ses sœurs accoururent au-devant de lui, comme d'usage, pour l'embrasser; mais Octavie demeura immobile près de sa bonne qui lui en fit des reproches. « Vous oubliez sans doute, répondit-elle gravement, que j'ai eu aujourd'hui sept ans. Maman m'a dit qu'on n'était plus enfant à cet âge. »

Elle fit sa première communion à neuf ans, avec toute l'intelligence du grand acte qu'elle accomplissait. Ce beau jour est demeuré dans son âme le souvenir le plus vif et le plus doux de sa vie.

Bientôt après, elle partit pour le pensionnat de la ville voisine, dirigé par les Religieuses Ursulines. L'intention ne tarda pas de germer dans son cœur de se faire religieuse.

Ses parents songeaient à lui faire terminer ses études dans une grande maison d'éducation, quand ils firent la rencontre d'une dame X... qui devait entrer dans l'un des premiers pensionnats de Paris, et qui proposa d'emmener

avec elle Mlle Octavie, dont elle dirigerait elle-
même la belle intelligence. Tout semblait
commander la plus entière confiance à l'égard
de cette dame munie des meilleurs recomman-
dations. La proposition fut acceptée avec enthousiasme. Bientôt cette dame écrivit qu'elle
avait renoncé pour de bons motifs au pensionnat annoncé, afin d'entrer à la tête de
l'enseignement dans une institution naissante,
ouverte sous le patronage et la direction de
Mmes de N..., l'un des noms les plus aristo-
cratiques de France.

Cette maison nouvelle n'était autre qu'un
orphelinat, où Mme de N..., fort âgée, et
Mme de R..., veuve d'un gouverneur des An-
tilles, élevaient une quarantaine de jeunes
filles de huit à quinze ans. Mme X... devait
instruire ces enfants, dont le travail manuel
formait presque toute la fortune de la maison.

Octavie, bien qu'entourée de toutes sortes
d'égards par ces dames de N..., comprit fort
bien que telle n'avait point été l'intention de
ses parents, en la confiant à Mme X...; et
elle en fit des observations à cette dame, qui
la tranquillisa par de belles promesses. Mais,

après quelques semaines passées là, Mme X...
partit un beau jour, avec la bourse de son
élève, pour ne plus reparaître.

Mmes de N... proposèrent à Octavie de demeurer avec elles, se chargeant de l'instruire
elles-mêmes, pendant qu'elle les aiderait à
instruire les orphelines : ce qui fut accepté.
Par là, se disait-elle, j'épargnerai à mes parents une charge bien lourde pour leur modique fortune, j'aiderai l'éducation de mes
sœurs, je me rendrai moi-même utile auprès
d'enfants délaissés et de grandes dames presque aussi malheureuses. Ce beau rôle de dévouement ignoré souriait singulièrement à
son âme déjà humble et généreuse.

M. et Mme de Gallery, abusés par le beau
nom de Mmes de N..., demeurèrent dans la
plus complète assurance.

Tout annonçait extérieurement un certain
luxe dans la demeure de Mmes de N...; mais
pour les choses les plus importantes, on trouvait à peine le nécessaire. Un brillant service
de table ne servait le plus souvent qu'à voiler
la pénurie des mets. Mme de N... était fort
âgée, et Mme de R... uniquement préoccupée

de sa personne, était incapable de soins sérieux. Toute la surveillance des orphelines
retomba bientôt sur Octavie, qui déploya un
zèle infatigable et une rare intelligence. Les
enfants, remplies pour elle d'affection et de respect, travaillaient avec activité et recevaient
une éducation solide et religieuse. A treize
ans, Octavie était une institutrice accomplie.
Elle était déjà faite entièrement au moral, en
pleine possession de cet ensemble d'idées et
de sentiments, qui caractérisent une personne
et forment la base de sa conduite dans les
diverses circonstances de la vie.

Mmes de N... avaient le mari et la femme
pour domestiques. Leur petit enfant, âgé de
quelques mois, vint à mourir et fut abandonné
dans un appartement, d'où tout le petit monde
fuyait avec épouvante. Octavie le veilla le jour
et la nuit et l'ensevelit de ses propres mains.

Octavie vécut là plus d'un an. Elle y fit
peu de progrès sous le rapport de la science;
mais son âme, agrandie par le dévouement,
acquit une élévation de sentiments qui servait
d'ailes à son esprit et l'emportait à des hau-
teurs vraiment sublimes.

Sa conscience finit par s'inquiéter de sa position ignorée de ses parents, laquelle répondait d'ailleurs si peu à leurs désirs. Elle se décida donc à tout révéler dans une lettre confidentielle à sa mère, qui accourut bientôt, encore émue jusqu'aux larmes des grands et beaux sentiments de sa fille bien-aimée.

La nouvelle du départ de Mlle Octavie jeta l'alarme dans tout le petit établissement : les enfants perdaient une sœur qu'elles chérissaient tendrement; les dames de N... perdaient presque une fille. Mme de R... voulut accompagner son élève ou mieux sa maîtresse de pension, chez ses parents, où elle demeura plusieurs mois.

Octavie avait environ quatorze ans; mais sa taille élevée et le développement de ses forces physiques, joints à sa maturité d'esprit, la faisaient paraître plus âgée.

Sa distinction naturelle, le beau nom et les grandes manières de Mme de R... lui firent supposer, dans tout le pays, une haute et parfaite éducation.

Octavie avait un goût très vif pour l'étude. Pendant plusieurs années, elle lut et travailla

beaucoup, y consacrant même une partie notable des nuits : elle eut bientôt acquis la
réputation de savante.

Rentrée au foyer paternel, elle devint la
joie, l'orgueil et les délices de ses parents,
qui l'aimaient avec passion ; et aussi de ses
jeunes sœurs, qui voyaient en elle plutôt une
seconde mère qu'une sœur aînée. Sa mère
oublie presque qu'elle est sa fille, pour en
faire son amie et sa confidente. Son père lui-
même, si fier de son intelligence, était presque jaloux de son cœur.

Mais plus cette estime et cette affection de
ses parents les rapprochaient d'elle, loin de
s'en prévaloir, d'en abuser, pour s'élever jusqu'à eux et oublier dans la familiarité la couronne et la dignité paternelle et maternelle,
son affection ne fit que croître en respect, en
égards de toutes sortes, en même temps qu'en
reconnaissance et en sensibilité.

Écoutons-la elle-même, dans un âge plus
avancé, nous témoigner de sa vénération pour
le caractère des parents, et nous parler avec
les larmes du cœur de son père et de sa mère,
dont elle honorait la mémoire dans son âme,

comme dans un sanctuaire, où, tant qu'elle vécut, elle aimait chaque jour à nourrir sa piété filiale de leurs plus chers souvenirs et prier pour leur bonheur éternel.

Elle était tellement pénétrée de l'obéissance et du respect envers les parents, qu'à aucun âge, elle ne put être témoin de manquement à cet égard, sans en être profondément révoltée.

« Ce n'est pas ainsi, écrivait-elle, que nous avons été élevées, mes sœurs et moi. Au moindre signe, au moindre mot, il fallait obéir ; et toujours, par le raisonnement, on nous montrait nos torts. Aussi j'avoue que cela me fait mal aux nerfs, quand je vois des enfants résister à leur mère, ou la mère céder à ses enfants. J'avais quarante-six ans, quand j'ai perdu mon père : je lui obéissais alors comme une petite fille... Mon journal avait l'autre jour un article qui abondait dans mon sens. Il parlait de toutes les plaies sociales et faisait tout remonter à la première éducation sur les genoux maternels. Maintenant, dans les familles, on ne voit plus que de petits despotes, de petits tyrans qui font loi de leurs caprices,

parce qu'ils voient qu'on leur cède en tout et
toujours. »

Elle n'avait pas une moins haute idée de
l'affection des parents. L'égoïsme qui fait préférer à quelques-uns la paix et le sans-souci
de l'éloignement aux petites contrariétés de
la présence de leurs enfants, était pour elle un
mystère qui l'affligeait et remplissait ses yeux
de larmes, en même temps que son cœur du
souvenir de ses parents si aimants.

« J'arrive, écrivait-elle, de chez Mme X...
qui m'avait écrit une charmante lettre d'in-
vitation. Décidément je crois que la sympathie
s'en mêle, mais elle n'ira jamais très loin;
car son cœur est froid et ne s'affecte de rien,
et le mien est aux antipodes. Où je m'aperçois
que le cœur est sec, chez le père comme chez
la mère, c'est à l'endroit de leur fils. Quand
ils en parlent, c'est avec regret et ennui d'a-
voir un garçon. Il est vrai que l'enfant ne se
fait pas doux et facile. Il a fallu subir, pendant une heure durant, les récriminations de
Monsieur et de Madame, qui disaient tout
simplement que le beau jour n'était pas celui
de l'arrivée, mais celui du départ. Et tout cela

était dit avec un air si dégagé, que j'en étais peinée pour la mère et pour l'enfant. Il est des cœurs qui ne sont pas à la hauteur de leur mission. »

Elle voyait, aimait et respectait Dieu dans ses parents. Pour elle, rien de sacré comme l'amour des parents, « qui sort, disait-elle, du cœur de Dieu même : c'est pour cela qu'aucun trésor ne saurait lui être comparé ».

« Le cœur d'une mère, lit-on dans sa correspondance, est assez riche pour payer un enfant de tous les sacrifices, il est assez grand pour suppléer au monde entier ! C'est un abîme de tendresse, dans lequel nous pouvons, de loin comme de près, engloutir nos peines et nos douleurs... C'est quand ses enfants ne sont plus sous son regard, qu'ils occupent le plus son esprit : sa pensée les suit, comme une ombre; elle les voit, elle entend et rapporte à son cœur de douces choses qui la font tressaillir. Elle a faim, elle a soif de ses enfants; elle a besoin de les lire, quand elle ne peut les voir. »

Voici ce qu'elle écrivait de sa mère :

« Ah! je comprends les larmes de ma bonne

mère, quand elle se mettait à table, après les
vacances. Mon père l'en plaisantait. Ah! répondait-elle, je ne vois plus que la place de
mes petites filles!... Que tout ce qui touche à
cette bonne mère est profondément gravé dans
mon souvenir! Comme je remercie le bon Dieu
d'avoir été formée par ce cœur aussi tendre que
grand. Cœur de roi, disait-on à sa mort. Hélas! longtemps on a cru à la grandeur et à la
noblesse des rois. Qu'il m'est doux de parler
de ce si bon cœur, à qui je dois le mien! »

*
* *

« Ma mère avait le talent de ne jamais être
prise au dépourvu. Elle recevait souvent; et
d'ailleurs c'était l'usage alors, quand on voulait voir un voisin, un ami, d'aller lui demander
à dîner, sans se faire annoncer. Ma mère ex-
cellait dans ces réceptions si cordiales, où le
plat de bonne mine ne figurait pas seul; et,
petite fille dans le temps, j'entendais dire à
ceux qui venaient nous surprendre ainsi :
Comment s'y prend Mme de Gallery ?... —
Pauvre bonne mère, comme j'aime à parler

d'elle, à me rappeler son bon et grand cœur, ses sentiments si dignes, si élevés, toutes ses qualités qui en faisaient une femme si aimable et si considérée. Mais qu'elle était bonne surtout, quel amour maternel elle avait pour ses enfants! Oh! que c'est bon les mères! Faut-il qu'on ne sache parfaitement les apprécier, que lorsqu'on ne les a plus? »

La pensée de la mort de ces bons parents la préoccupait vivement, à mesure surtout que l'âge rendait plus proche cette séparation.

« Je vais, écrivait-elle, vous donner des nouvelles de mon pauvre père, dont la santé me cause les plus vives inquiétudes. L'opinion des médecins est loin d'être rassurante et me laisse sous le poids d'angoisses qui me torturent jour et nuit... Pauvre bon père, je n'ai plus que lui à aimer sur la terre! Vous avez trop d'expérience pour ignorer que rien ne peut valoir ni remplacer le cœur d'un père et d'une mère : ces deux abîmes de tendresse que Dieu nous donne comme échantillon de l'immensité du sien! Oh! que la pensée qu'il me faudra le quitter un jour, ce bon père, me fait de mal!

Toute ma vie a été consacrée à le chérir, et peut-être bientôt plus rien. »

Jamais le vide laissé dans son cœur par la mort de ses parents ne se combla. Leur souvenir était chaque fois accompagné de larmes ; et les jours du premier de l'An et des Morts furent désormais des jours de deuil. Elle écrivait après la mort de sa mère :

« Nous sommes arrivés à bon port, ma bonne et chère A..., seulement le cœur bien triste de t'avoir quittée et de rentrer dans cette demeure d'où la plus tendre des mères a disparu pour toujours. A chaque instant, mes yeux se remplissent de larmes, en revoyant tout ce qu'elle aimait : sa maison, son jardin, ses fleurs ; tout est riant et beau ; nos cœurs seuls ont repris leur tristesse qu'ils avaient un instant oubliée près de toi, chère sœur, si bonne et si aimable pour tout ce qui t'entoure... »

* *

« Le premier jour de l'An, écrivait-elle dix ans plus tard, a quelque chose de doux, mais de triste à la fois. Je ne le revois jamais qu'il ne m'arrache des larmes. Longtemps, autrefois, elles coulèrent à la pensée qu'il viendrait un temps où cette jouissance de fêter, de souhaiter la bonne année à mon père, à ma mère, me serait enlevée : cette idée que j'avais en les embrassant, que je ne recommencerais pas peut-être l'année suivante, m'attristait extrêmement. Aujourd'hui, c'est la prévision d'il y a dix ans réalisée. — Les bons cœurs qui m'entourent ont deviné sans doute la tristesse du mien ; ils sont accourus m'embrasser, à peine si j'avais le pied par terre, ils ont mêlé leurs larmes aux miennes, en me protestant de leur affection... »

Tout ce qui rappelait le souvenir de ses parents lui était particulièrement cher. Leurs amis avaient pour elle quelque chose de sacré, qui participait à sa propre affection envers ses parents. Toutes les fleurs, les plantes, les arbres de leur prédilection, conservèrent toujours leur place respectée au parterre, au bosquet. Avant de mourir, elle voulut présider elle-même à la restauration complète de sa demeure, en souvenir de ses parents, qui lui avaient recommandé de ne jamais l'abandonner ni la négliger.

Revenons au toit paternel, à l'époque où Octavie de Gallery, encore entourée de ses parents et de ses sœurs, ne songe qu'à jouir de la vie de famille.

Chez M. et Mme de Gallery, la vie de famille était fort gaie.

Entre parents de la famille de Mme de Gallery, bien qu'éloignés par la distance des lieux, on continuait presque la vie commune, passant les semaines et les mois, en hiver chez l'un; au printemps chez l'autre; et le temps des vacances au manoir de Mantilli.

Des jeunes gens, des jeunes filles de l'âge des demoiselles de Gallery, cousins et cousines, presque frères et sœurs, donnaient à la maison la vie bruyante et les apparences d'un pensionnat.

La société des environs, en partie unie par la parenté, toute liée depuis plusieurs générations par les relations les plus intimes, y affluait et venait s'ajouter aux divertissements de la jeunesse.

Parmi les jeunes filles de cette société, il y en avait d'une rare distinction; et, parmi les jeunes gens, on comptait des poètes, des litté-

rateurs en herbe, heureux d'exercer leur verve
en l'honneur de la petite communauté.

L'un d'eux a laissé le portrait de chacune de
ses compagnes, où toutes les nuances les plus
délicates sont finement observées.

Bien que la plupart des jeunes gens appar-
tinssent aux lycées, on admire la modestie,
le respect de leurs jeunes imaginations. C'était
bien encore l'âge d'or de l'innocence et de la
piété.

Octavie dut aussi payer, et beaucoup, de sa
plume, dans ces petits essais littéraires. Voici
un portrait esquissé par elle vers quinze ou
seize ans. On y retrouve, comme en tout ce qui
reste d'elle à cet âge, le style entièrement
formé, l'élégance, la sobriété d'expression, et
l'élévation de pensée qui la caractérisent.

« J'esquisse d'abord son extérieur qui est
doux, fin et agréable : petit et gracieux, taille
élégante ; manières aisées, quand il connaît ;
timides, quand il est inconnu. C'est ainsi qu'on
le voit tour à tour sérieux, pensif, silencieux
ou gai, bruyant, plaisant, spirituel, amusant :
ce qui produit un singulier contraste. Il fait de
sa personne ce qu'il veut : tous les rôles lui

conviennent, et il s'en acquitte avec un rare bonheur.

« Je puis dire la même chose de son langage, marqué d'un certain cachet original, qui, dans sa bouche, plaît et fait rire. Mais tout n'est pas miel dans sa bouche, d'où les traits acérés de la satire causent parfois une plaie profonde. Sa nature est pourtant bonne et sensible... et oui, sensible. Je l'ai vu même pleurer, ce qui m'impressionne toujours chez les jeunes gens.

« Il est franc... le plus souvent, — parfois, il hésite et son secret expire sur ses lèvres. Il serait confiant ; mais il lui faudrait l'ami... si rare... avec qui sympathiser.

« Il est naturellement vif, pétulant, capable toutefois de se maîtriser, du moins en une certaine mesure ; car une fois la dose épuisée, l'impétuosité prend le dessus et adieu la douce modération... Encore n'est-ce que l'affaire d'un instant, car tout passe chez lui comme l'éclair.

« Enfin, il a beaucoup de jugement, et je l'en félicite ; car, sans le jugement, qu'est l'esprit ? un faux brillant, un corps sans âme.

« Descendons maintenant, pour que mon tableau soit complet, dans le labyrinthe, dans l'abîme appelé le cœur de l'homme. Le sien est grand, généreux, compatissant, stable en affections. »

Voici encore ce que je retrouve de la même époque :

« O vous, qui que vous soyez, recevez cet avis donné gratuitement :

« Gardez-vous de blesser l'amour-propre d'une femme, car c'est ce qu'elle a de plus sensible, de plus délicat; un rien l'oppresse, un rien l'irrite... C'est une corde que le moindre toucher fait vibrer sur cent tons différents et qu'il est bien difficile de mettre d'accord avec la raison; c'est un roi despote qui soumet à ses ordres les meilleures qualités et qui fait même du cœur un pauvre vassal.

« Vous donc, qui avez si fort égratigné le mien ce matin, qu'avez-vous à attendre de moi? à qui des deux remettez-vous votre cause ? — Mais non, je fais taire ce dernier qui souvent parle pour vous; et je laisse la parole au premier que vous-même avez armé du pinceau de la critique. »

L'âme, la vie, l'oracle de toute cette jeunesse, Octavie de Gallery savait tout prévoir :

promenades, jeux, lectures le jour, chants, danse, comédies le soir, sous les yeux de la famille réunie... Pas un instant laissé au désœuvrement, à l'ennui du quoi faire.

Ces souvenirs étaient demeurés les plus profondément gravés dans sa mémoire, et les meilleurs de sa vie. Entendons-la les retracer presque au déclin de sa vie :

« Je suis installée à C... depuis vendredi soir. J'ai revu ces lieux si frais, et si riants avec un vrai bonheur ; car c'est pour moi une vieille connaissance, qui tient sa place dans mes meilleurs souvenirs. J'y suis venue pour la première fois avec toute ma famille. Quels bons moments nous y avons passés tous ensemble ! Qu'on était gais et joyeux !...

« Maintenant les deux tiers de cette réunion brillante de jeunesse et de santé sont classés pour l'Éternité... Voilà ce que c'est que de vieillir et ne pas mourir.

« Hier, c'était encore un jour de grande réunion, la fête de paroisse, chômée autant chez Mme L... qu'à l'église. Tout avait été requis pour donner plus d'éclat à la fête : clergé, musique, belles dames, ballon et feu d'artifice...

rien n'y manquait. J'y étais pour quelques
heures de travail, qui m'ont prouvé une fois de
plus que le bon Dieu ne se laisse pas vaincre en
générosité. J'étais chargée d'orner un bran-
card, pour porter la statue de la sainte Vierge
en procession; je m'étais couchée à minuit la
veille et relevée à cinq heures et demie le matin. Eh bien! malgré ma fatigue, je me suis très
bien portée aujourd'hui et je n'ai senti aucun
malaise. Il est vrai que je reçus le matin le plus
doux des rafraîchissements, une lettre toute
embaumée du cœur de ma chère Anna. »

« Je suis arrivée ici lundi soir. Il me faut
vous dire que c'est dans un vieux castel où
mon père a passé sa jeunesse, comme ma mère,
et l'a épousée. C'est là aussi que j'ai fait mes
premiers pas; qu'à l'école de ma bonne et res-
pectable tante, je me suis formée de corps et
d'esprit! C'est vous dire que les souvenirs du
passé marquent tous mes pas ici; j'y vis au
milieu de tous les miens, mais hélas! quel
vide!... La mort a été moins cruelle envers les

serviteurs qu'envers les maîtres : excepté deux
que je n'ai connus que vieux, ils vivent encore
tous. Ces braves gens ont grand plaisir à me
revoir, et moi de même. Mais que j'ai de peine
à me faire à ces vieux visages que je n'avais
connus que jeunes... On se persuade difficile-
ment qu'on vieillit et qu'on change... »

* *

« J'ai été en représentation toute la journée
avec une gentille petite dame et son frère que
j'ai vus petits l'un et l'autre, mais que j'avais
perdus de vue par une foule de circonstances.
Leurs parents habitaient C... dans ce temps-là,
et nous nous voyions plusieurs fois l'an; mais
l'impitoyable mort ayant enlevé les chefs de
nos deux familles, nos relations qui étaient
toutes de plaisir, avaient été interrompues par
le deuil. La mère et les enfants quittèrent le
pays; ceux-ci se marièrent, chacun de son côté;
et depuis lors, je ne les avais plus revus. La
journée s'est passée tout entière en retour sur
le passé; et, tous, nous faisions écho pour dire :
c'était le bon temps ! »

Toute cette société presque fraternelle, pour laquelle se multipliait Octavie de Gallery, loin de nuire à la vie familiale proprement dite, ne faisait que resserrer les nœuds sacrés qui l'unissaient à ses deux sœurs, habituées à considérer et chérir en elle comme une seconde mère.

Loin de jalouser les égards, l'affection, presque l'admiration, dont chacun entourait leur aînée, ses deux jeunes sœurs en étaient fières et en jouissaient autant que s'il se fût agi d'elles-mêmes.

Trois fragments de lettres, qui nous restent de cette vie de famille, nous donnent le secret de cette affection sans jalousie.

« 11 heures du soir. — « Je suis dans mon lit, mes chères sœurs ; et, récapitulant, comme de coutume, les faits et les impressions de la journée, comme de coutume aussi je me dis : oui, le cœur d'une sœur est un diamant de pureté, un abîme de tendresse. Qui, mieux que moi, peux sentir la vérité de cette pensée ; et qui peuvent l'inspirer mieux que les deux sœurs dont m'a favorisée le ciel.

« C'est donc à vous, tendres sœurs, que

j'adresse mes sentiments de reconnaissance pour tout ce que vous avez fait pour moi pendant la durée de cette légère indisposition. Merci mille et mille fois, merci de ces délicates attentions que l'amitié seule sait inspirer, de ces soins vigilants qui ne laissaient rien à désirer, de ces complaisances sans nombre qui feraient chérir la maladie, enfin de ces prières d'anges qui ne pouvaient n'être point entendues... Oh! j'ai tout vu, tout senti, tout apprécié! Qu'une feuille de papier me paraît froide, pour redire tout ce qui se passe dans mon âme! Quel triste intermédiaire entre vos cœurs et le mien! Mais en ont-ils besoin; et ne sont-ils pas habitués à s'entendre? Et si j'ai si bien compris les vôtres, vous saurez que chaque battement du mien vous dit : amour et reconnaissance.

« Bonsoir, chères amies, il se fait tard.

« Et bien que je ne me lasse pas de vous aimer ni de le dire, je vais remettre à demain ces deux plaisirs avec celui de vous embrasser en réalité. Votre sœur et amie. »

*
* *

« Tu me fais de bien agréables surprises,
ma bonne et chère Anna, par l'arrivée imprévue
de tes lettres toujours tant désirées. Merci de
venir ainsi me visiter et me consoler de ton
éloignement par les expressions si tendres de
ton affection si précieuse. Bientôt, chérie sœur,
nous n'aurons plus besoin d'intermédiaires,
pour nous exprimer nos sentiments; et nos lèvres pourront le faire, sans crainte de prononcer
des mots perdus dans l'espace qui nous sépare.
Mais, pauvre sœur, ce ne sera pas encore
aussi tôt que tu as la bonté de le désirer... »

*
* *

« C'est à ton tour, ma chère Ern... que je
veux écrire aujourd'hui, pour te remercier de
tes deux jolies lettres et de tout le plaisir
qu'elles m'ont fait. Je n'ai jamais douté de ton
amitié; mais ces nouvelles assurances d'affection m'ont fait un plaisir que je ne puis rendre,
et qui ne peut être égalé que par celui que j'é-
prouve à t'assurer de la réciprocité. Sois donc

sans inquiétude ; un cœur, comme le tien, se
fera toujours comprendre par qui saura l'apprécier comme moi. »

Toutes touchantes que soient ces lettres, elles
n'égalent point l'intérêt causé par l'humilité
si pleine de tendresse, le dévouement de ces
deux admirables sœurs, qui ont persévéré toute
leur vie, non moins vifs, non moins enthou-
siastes... Citons à cet égard Octavie de Gallery.

« Ma pauvre et chère sœur vous aime toujours beaucoup et dit mille biens de vous :
vous êtes le modèle de l'amitié ; et c'est vous
qu'elle cite à tout venant. Il est vrai que j'ai
aussi ma part d'éloges, car elle ajoute avec les
larmes dans les yeux (c'est ce qui la rend aveugle à mon égard) : Octavie a tout reçu en partage ; ce n'est pas étonnant qu'on l'aime, tandis
que moi... Elle a tant de cœur, cette bonne
Anna, qu'il ne peut jamais être rempli... Vous
nous écrivez toujours des lettres qui nous
ravissent Anna et moi. La dernière surtout
semblait inspirée par mon ange gardien. Nous
avions eu, Anna et moi, une petite discussion la
veille : elle, toujours exaltant mon mérite, mon
caractère, mes succès dans le monde, etc.,

etc., se mettant elle-même non seulement sous mes pieds, mais sous ceux de tout le monde... et moi, pour la centième fois, la raisonnant et lui faisant voir comme elle s'exagérait toutes choses...

« Jugez de ma satisfaction quand, le lendemain matin, je pus monter à sa chambre, votre lettre à la main... Elle était tout baume pour elle... Aussi il ne parut trace de la veille. »

Bientôt, comme on le verra, la piété filiale d'Octavie de Gallery lui fera accomplir, sans autre témoin que Dieu, le premier acte héroïque de sa vie; mais Dieu doit auparavant ennoblir, sanctifier cette tendresse filiale au contact de son amour divin et l'élever jusqu'au courage du martyre.

Vers son âge de dix-huit ans, une mission fut donnée dans sa paroisse et elle fut priée de diriger le chant des cantiques. Forcée d'interrompre ses veilles studieuses, pour assister aux exercices religieux du matin, elle prit alors l'usage de la messe quotidienne, qu'elle continua toujours depuis.

Octavie de Gallery regardait cette mission comme une grâce providentielle, qui lui avait ouvert les yeux sur les dangers d'un goût exagéré pour l'étude prêt à devenir une passion; et qui surtout l'avait initiée au bienfait incomparable de la messe quotidienne.

La messe quotidienne la prépara peu à peu à communier plusieurs fois la semaine; et la fréquente communion ne tarda pas à opérer ses merveilleux effets dans cette âme de vingt ans pure et innocente, comme au jour de son baptême.

Sa vocation fut dès lors irrévocablement fixée : elle avait entendu manifestement la voix de Dieu l'appeler à lui; et, plus heureuse que de monter sur un trône, elle avait engagé sa promesse de lui appartenir uniquement.

Bien avant cet âge, elle avait senti l'attrait de la virginté. « Mes pensées d'aujourd'hui, écrivait-elle plus tard, sont les pensées de ma jeunesse, de mon extrême jeunesse. Je n'avais pas dix ans, que je disais déjà : Je ne me marierai point. C'était la grâce qui parlait en moi, car je ne connaissais pas alors les avantages de la virginité. »

Jusque-là Dieu l'avait attirée doucement à lui ; il ne devait pas lui ménager longtemps l'épreuve ; tout chrétien, et, à plus forte raison, toute épouse du Christ doit suivre ici-bas le divin Maître dans la voie douloureuse.

Comme une fleur, qui tout à coup penche la tête et se flétrit, sa santé si florissante s'évanouit comme par enchantement : languissante et perdant chaque jour ses forces, elle commença une maladie de dix ans, pendant laquelle, faible à mourir, mais toujours l'âme joyeuse et le sourire sur les lèvres, elle attendait avec une résignation et une indifférence parfaite, les ordres de la volonté divine à son égard. Elle était heureuse de souffrir pour Dieu, et voyait avec peine qu'on priât pour sa guérison. A la fin seulement de cette longue maladie, sentant que les langueurs du corps gagnaient l'âme, elle demanda à Dieu, ou de l'appeler à lui ou de la guérir. Voici comment elle raconte elle-même bien plus tard sa guérison.

« On m'avait sortie au jardin dans une petite voiture. L'aspect du jardin dans tout l'épanouissement de ses fleurs, produisit chez

moi une impression étrange. L'amour de la vie
sembla s'emparer de tout mon être; et je pro-
menai un regard presque jaloux sur toutes ces
fleurs, si pleines de fraîcheur et de vie, tandis
que moi je languissais et ne pouvais même
soutenir le poids de mes membres amaigris. O
mon Dieu, pendant près de dix ans, je vous
avais offert avec joie, le sacrifice de ma vie,
alors même qu'elle coulait à pleins bords dans
mes veines; et la vue de fleurs qui naissent
le matin et se flétrissent le soir, me rappelle
à l'amour de cette vie périssable et fait passer
sur mon âme un nuage de tristesse et d'envie.
Pardon, ô mon Dieu, de ce sentiment où les
sens avaient plus de part que l'âme. »

Dieu semblait avoir attendu sa demande :
elle reprit ses forces et fut bientôt rendue à la
santé.

Sa piété fit de rapides progrès pendant ce
long temps de souffrances. Ce fut alors surtout qu'elle prit l'habitude de la pensée habituelle de Dieu et de la méditation. Elle était si
vivement attirée à Dieu, qu'elle passait des
heures entières dans une sorte de contemplation. Son Directeur, craignant que le travail

de l'esprit et les émotions de l'âme n'accrus-
sent encore la faiblesse du corps, finit par
lui interdire la méditation et la prière : elle se
soumit sans réflexion, avec sa simplicité ordinaire, comme à la volonté de Dieu. Plus tard,
elle avouait en avoir plus souffert que de toutes
les peines physiques.

Cette maladie, peu comprise par les médecins, ne parut à ses parents, comme à tous
ceux qui l'entouraient, qu'un de ces accidents
trop communs à la pauvre nature humaine,
où la vie et la mort se donnent la main et
marchent toujours de front. Octavie de Gallery,
seule avec Dieu, possédait le secret de ses souffrances.

Mme de Gallery était une de ces chrétiennes,
pleines de foi et de courage, qui observait
avec une simplicité touchante les abstinences
et les jeûnes de l'Église, alors même que les
infirmités et l'âge semblaient l'en dispenser.
M. de Gallery, chrétien d'esprit et de cœur
par son éducation, assidu aux offices religieux, n'en demeurait pas moins éloigné depuis longtemps de la pratique des sacrements.

Dieu réservait à sa fille aînée de rompre les

derniers liens qui le séparaient de Dieu. Mais à quel prix? Elle fit l'offrande de sa vie pour le salut de l'âme de son père; et Dieu aussitôt l'étendit pour dix ans sur un lit de douleur... Désormais, sa piété filiale, où la foi n'avait pas moins de part que la nature, fut pour elle comme un jour sans nuages. Apôtre et sauveur de cette âme si chère, elle en demeura l'ange gardien et la directrice; elle eut la joie, durant les nombreuses années que Dieu le lui conserva encore, de le voir compté parmi les hommes les plus religieux et les plus dévoués à toutes les bonnes œuvres.

CHAPITRE III

Octavie de Gallery avait une de ces physio-
nomies à caractère, qui empruntent leur beauté
moins aux traits physiques qu'à l'expression
intellectuelle et morale.

Une belle et noble figure, un front large et
élevé, un regard sérieux et profond, un sang
riche et pur, une belle stature, un buste puis-
samment développé sur une taille élégante,
une démarche simple et ferme lui donnaient
un air imposant et majestueux, que plus tard
l'âge et l'embonpoint rehaussèrent encore,
sans nuire en rien à la mâle beauté de ses
traits et à la distinction de toute sa personne.

Sur son visage, naturellement peut-être un
peu fier, s'épanouissait une âme simple, douce,

bienveillante, qui répandait sur ses traits et communiquait à toutes ses manières une expression peu commune de bonté et de gracieuse sympathie, jointe à une dignité qui commande le respect et n'autorise jamais la familiarité. Toujours calme, souriante, affectueuse, sa grande et belle figure projetait autour d'elle comme une auréole de vie, d'inaltérable sérénité, d'amabilité sans affectation, de candeur empreinte de pureté virginale, qui rayonnait jusque sur le visage et dans l'âme de ceux qui l'approchaient.

Octavie de Gallery n'était pas moins heureusement douée sous le rapport de l'intelligence.

Des lectures variées, plutôt que des études proprement dites, grâce à un jugement remarquable et à une mémoire heureuse, lui avaient formé de bonne heure un fonds assez riche de connaissances sérieuses. Mais l'élévation de la pensée, la distinction et la délicatesse des sentiments, la clarté jointe à la sobriété de l'expression formaient le caractère distinctif de son esprit.

Cet esprit, calme comme son cœur, bien que toujours fécond, inépuisable et varié dans la conversation, n'était que faiblement secondé par l'imagination. Il n'était pas rare de voir sa parole, entraînée par la vivacité du discours, par l'émotion du sujet, se colorer, s'échauffer, jaillir en éclairs ; sa belle et grande figure, si propre à peindre les sentiments de l'âme, rayonner d'un noble enthousiasme, et sa voix, ses gestes, son regard atteindre une haute éloquence. Mais alors, selon sa propre expression, « sa langue avait besoin d'être déliée par une main étrangère, comme sa plume ne savait courir qu'entraînée par son cœur. »

« Mon pauvre esprit, disait-elle, a besoin de passer par mon cœur. » Son intelligence si noble et si élevée découlait effectivement bien plus de son cœur que de son esprit.

Voici comme elle se peint elle-même. Ce portrait révèle mieux encore son humilité que la nature de son esprit et de son cœur :

« J'ai besoin d'être excitée et même surexcitée, sans quoi, je dis ce que je ne veux pas

dire, ou je ne trouve ni mots ni pensées. C'est
ainsi quelquefois, en écrivant : ma plume pose
un mot auquel je ne pensais pas ; et, pour ne
pas raturer ma lettre, je suis forcée de terminer la phrase tout autrement qu'elle se pré-
sentait à mon esprit d'abord. Mais pour celles
qui viennent du cœur, c'est différent : on les
fait, comme on les sent ; ce n'est plus la plume
qui est en avant, elle est toujours en retard et
au-dessous de ce que je voudrais qu'elle dit.
Il y a des choses qui se sentent tellement qu'on
ne peut même les exprimer : c'est, comme quand
le cœur bat trop vite, on ne peut plus parler. »

. . . .

« Il est vrai que l'esprit attire l'esprit ; mais
je crois vraiment que le mien tarit, si tant est
que j'en aie, car je ne me sens pas souvent en
veine.

« Le génie des femmes est dans le cœur ;
parce que leurs œuvres sont des œuvres du
cœur . . . .

. . . .

« Tous les jours ne sont pas également propres à l'ouverture du cœur et de l'esprit : c'est
sans doute un défaut de ma nature ; mais il me

semble que, par moments, il y a des scellés sur
mon intelligence. Il y a bien quelque chose dans
le sanctuaire; mais je suis muette, sans expressions, sans mots même à la surface. Et, quand
je suis ainsi, je resterais bien des heures entières, la tête appuyée sur ma main, à penser
et réfléchir sur ce que je ne puis dire. S'il faut
absolument que j'écrive dans ces moments-là,
c'est alors que l'indiscret qui regarderait par-
dessus mon épaule, s'amuserait à mes dépens,
parce que je mets des mots qui ne vont pas à
ma phrase, des lettres qui ne vont pas à mes
mots, et même des phrases entières qui expri-
ment le contraire de ce que je veux dire. Est-ce
phénoménal? ou ai-je cela de commun avec tout
le monde? Je n'en sais rien ; je ne me suis jamais
aperçue que les autres eussent l'esprit cacheté
comme le mien.

« Mon cœur est bien un peu en harmonie
avec mon esprit. Il y a des jours où il faut que
ses sentiments débordent; d'autres où il n'en
sent pas le besoin ; au contraire, il veut tout
concentrer, ne pas évaporer ce baume précieux, ce délicieux parfum que l'on nomme
amitié.

« Que de contradictions dans cette pauvre nature ! »

———

Si on en juge d'après certaines descriptions et quelques portraits écrits sous l'impression du moment, au vol de la plume, dans le trop peu de lettres qui demeurent d'elle, Octavie de Gallery eût été facilement un brillant écrivain. Qu'on juge par ce qui suit :

« J'ai passé plus d'une heure ce matin dans le jardin, pour admirer la nature toute couverte de neige. Quel beau, quel splendide tableau nous donnent cette neige diamantée, ce givre qui cristallise et enserre chaque branche d'arbre, pour en faire des guirlandes de festons et de fleurs de perles fines, ces arbres verts parsemés de diamants, ce soleil colorant et éblouissant tout ! Il s'échappe de mon cœur un hymne d'admiration vers l'auteur de cette belle nature. Mon Dieu que vous êtes admirable dans vos œuvres ! »

*
* *

« J'ai retrouvé ma demeure ravissante, après
cinq mois d'absence. Toute la semaine, je me
suis occupée de l'embellir encore ; et maintenant, elle est dans sa robe de noce. Les fleurs,
les feuilles sont si fraîches, si délicatement
belles ; le chant des oiseaux, le soleil doux et
brillant la rendent si gaie, si riante, que je m'y
suis trouvée de suite l'âme à l'aise et satisfaite.
Décidément, il fait bon vivre chez soi ; et, si
cela continue, je vais prendre goût à ma solitude. J'ai fait faire quelques changements : ce
sont plaisirs de propriétaire, que de faire et dé-
faire. Quand l'œil est habitué aux choses, elles
ne paraissent plus aussi belles ; c'est de là qu'on
aime le changement. Le cœur est-il aussi in-
constant que les yeux ? Je le crains, bien que je
sente le mien se cramponner de plus en plus à
ceux qu'il aime. »

Les portraits et autres descriptions, que nous
insérons, d'une plume qui n'eût jamais osé
blesser la charité, sans la certitude d'une dis-
crétion à toute épreuve, dénoncent un esprit

d'observation et une originalité d'expression dignes de la plus fine critique.

« M. T. a toutes les qualités du cœur et de l'esprit ; mais comme je ne suis pas exposée à ce qu'il lise par-dessus mon épaule, outre ses soixante ans, âge où l'on n'est plus beau, il a toujours été d'une laideur remarquable, rehaussée par une difficulté d'élocution, qui lui a toujours donné un air niais. Rien de drôle comme d'entendre des la, la, la qui ne finissent pas, suivis de to, to, to, etc., qui coupent une phrase au galop. Tout cela déconcerte et fait rire ; et le meilleur des hommes passe pour un sot aux yeux de certaines personnes bien moins partagées que lui. »

.·.

« Mlle X... est un ange de piété : je n'ai vu encore personne se tenir comme elle à l'église... ; physiquement, elle n'est pas bien : une grosse tête, plate, à gros traits et expression sérieuse, étonnée... musicienne comme personne, s'amusant à traduire Virgile... »

⁂

« Je suis rentrée mardi soir, très à propos pour recevoir Mlle B..., qui m'est arrivée, comme un revenant, le jour des Morts. Je crains un peu que ce ne soit la mort qui la cherche, cette pauvre amie, de retour des bains de mer où elle s'est littéralement rajeunie, avec un air guilleret que je ne suis point habituée de lui voir, marchant comme un râle et parlant comme une pie. »

⁂

Vendredi. Quand chair ne mange.
Je suis en somnolence.

« Mais voici, pour me réveiller, que m'arrive, à 9 h. 1/2 du soir, M. C... la canne à la main, avec un air si extraordinaire, que je le crus un instant en cavignole, mais il n'en était rien... Je me plais à constater que ce n'était pas lui mais la nature qui était coupable. Il venait me donner des nouvelles de ma sœur qu'il était allé voir à 7 heures du matin. En ville, il fait ses visites à 7 heures du matin, où l'on n'est pas levé ; à la campagne à 9 h. 1/2 du soir, alors qu'on s'apprête à se mettre au lit, quand on n'est pas couché. Mais c'est tout comme; il fait assez de bruit pour réveiller dans les deux cas. »

*

* *

« Je viens de recevoir la visite de M. D... Son front était encore plus sombre que de coutume. Mais, en sa qualité de sensitive, je n'ai osé lui en faire la remarque. Il m'est resté cependant assez longtemps et m'a témoigné de la confiance, mais non sur le nuage qui voilait son front. Il m'a conté une foule de choses mystérieuses, que je garderai d'autant mieux qu'il me les disait d'une voix si sépulcrale que je n'en ai pas entendu la moitié. »

*

* *

« Je viens de faire la connaissance de... Madame est commune, mais a l'air doux et bon. Monsieur est un bavard sempiternel, qui parle de tout, pourvu qu'il parle. Quand sa femme commence une phrase, c'est lui qui l'achève.

La dame est sans doute habituée à ces interruptions ; car elle les supporte avec une grande indifférence. »

* *

« Nous avons été à Z... Nous nous trouvâmes dix-huit à table, et, comme d'usage, presque assis les uns sur les autres. Je ne comprends pas que ces dames, qui ont tant de scrupules ridicules, n'en aient pas d'être assises sur leurs voisins. Ce serait un scrupule charitable, qui nous donnerait nos coudées franches à table. »

* *

Si la charité n'avait présidé à tous ses rapports, veillé sur toutes ses paroles, et surtout commandé au cœur et à l'esprit, l'ironie eût été quelquefois sanglante et la réplique prompte comme l'éclair ; ainsi qu'il apparaît dans deux ou trois circonstances de sa vie, où l'honneur et la dignité lui en firent un devoir.

Octavie de Gallery n'usait qu'avec une certaine pudeur de ses connaissances qui eussent pu lui prêter l'air d'une femme savante.

« La science et l'érudition, disait-elle, ne sont point de notre domaine. » — Ce fut cependant un vrai sacrifice pour elle, pendant bien des années, que d'imposer à son esprit certaines lois sévères de sobriété, en fait d'études.

Pieuse avant tout, toute dévouée à sa famille et élevée dans la conviction « qu'avant d'être savante, même aimable, une femme doit être utile », elle ne fut jamais tentée de prendre pour l'étude sur les heures consacrées à Dieu, à la société et au travail.

Jeune et forte, elle crut pouvoir, sans scrupules, prélever de longues heures sur le sommeil ; mais sa raison si droite finit par s'effrayer d'une ardeur, qui bientôt fût devenue une passion, et l'avertit des inconvénients qui menaçaient d'en résulter pour ses exercices religieux du matin, pour sa santé, et le calme de l'esprit et du cœur. Un simple acte de volonté suffit pour lui faire rompre avec une jouissance en apparence si innocente, mais qu'elle ne pouvait plus concilier avec la volonté de Dieu, règle unique de la sienne. Elle borna désormais ses études profanes à la lecture rapide d'un journal rarement quotidien et aux distractions d'un petit nombre de livres historiques, politiques et d'hagiographies modernes.

Voici ce qu'elle dit du journalisme pour les femmes :

« On ne peut vivre dans le monde, sans regarder quelquefois par la fenêtre et s'orienter un peu. C'est trop ennuyeux, à la campagne surtout, d'ignorer ce qui se passe au loin. Causer politique n'est pas mon fort. Mais le journal donne la clef de presque toutes les conversations du jour ; car il y a plus de politiques que de littérateurs dans le monde. »

Les études religieuses occupaient dans sa vie une part plus importante ; mais là encore et surtout, elle évitait avec grand soin les satisfactions de la curiosité et de la critique. « Nous sommes faites, disait-elle, pour l'obéissance, et non pour la discussion. » Elle comprenait et savait appliquer à toutes choses le conseil de l'apôtre : « Prenez garde de vouloir être plus sages qu'il ne faut ; soyez sages sobrement et modérément. » (Rom. XIII, 3.)

L'élévation de son intelligence apparaissait jusque dans ses exercices de piété. Elle goûtait peu généralement les livres modernes de dévotion, où elle trouvait « une certaine sensiblerie religieuse qui laisse l'esprit vide et le cœur sans appui ».

Après l'*Imitation de Jésus-Christ*, les *Méditations sur l'Évangile* et les *Lettres spirituelles* de Bossuet faisaient ses délices. « Depuis longtemps, écrivait-elle, je savais que Bossuet était un grand génie, un aigle, ainsi qu'on a coutume de l'appeler; mais il est mieux que cela : c'est un saint homme et des plus ascétiques. Quel admirable directeur! Je n'ai qu'un reproche à lui faire, c'est qu'il me fait coucher à des heures indues. Quand une fois j'ai les yeux dans ses ouvrages, ils ne peuvent plus se fermer. »

CHAPITRE IV

CŒUR ET AFFECTIONS

La piété fait l'effroi des gens du monde,
moins à cause des mortifications extérieures
que prescrit ou conseille la religion, qu'à
cause des privations, des sacrifices intérieurs
de l'esprit et du cœur, auxquels ils supposent
vouée nécessairement toute personne qui a
embrassé la pratique des conseils évangéli-
ques.

Il n'est pas difficile de leur prouver que
leurs plaisirs et leurs divertissements les con-
damnent à des mortifications non moins fa-
tigantes : et que le monde, avec ses exigences, fait plus de victimes que la religion.

Mais du moins, pensent-ils, l'esprit, le cœur,
le corps même sont amplement dédommagés

de ces quelques sacrifices. — L'âme des personnes pieuses, au contraire, leur apparaît
comme une nuit sombre, sur laquelle ce qu'on
appelle les joies et les consolations de la religion ne répandent qu'une pâle clarté qui
diffère à peine des ténèbres, sans jamais de
ces chauds et lumineux rayons qui échauffent,
éclairent et chassent au loin les tristesses et
les ennuis de la vie.

Et cependant, ils sont témoins chaque jour
du bonheur radieux, qui du cœur des âmes
pures et saintes, rayonne sur leur front; tandis qu'au milieu même des rires et des joies
bruyantes du monde, perce toujours un
nuage de tristesse, sur le visage des heureux
de la terre. — C'est là un mystère impéné-
trable pour tout esprit qui ne juge que par
les sens.

Est-il vrai que le cœur des personnes pieuses soit condamné à l'ennui, à la tristesse, à
la solitude, comme on se l'imagine trop généralement? Un Dieu jaloux leur interdit-il
toute satisfaction naturelle, tout attachement
légitime à la créature?

Prouvons que la religion n'interdit au cœur

aucune de ses nobles et légitimes jouissances ;
qu'en purifiant ses affections, il ne les rend
que plus sensibles, et que le juste seul goûte
la réalité de l'amitié, « ce doux rafraîchissement du cœur », au dire de saint Grégoire de
Nazianze ; tandis que le monde, au témoignage
de saint Augustin, « n'en connaît que l'ombre et n'en lèche que l'image ».

Apprenons d'abord du R. P. Lacordaire,
qui, mieux que personne, a connu toutes les
nuances et les délicatesses du cœur, à nous
rendre bien compte de la vraie amitié et à la
distinguer de toutes ses fausses et nombreuses contrefaçons.

« L'amitié est le plus parfait des sentiments
de l'homme, puisqu'il en est le plus libre, le
plus pur et le plus profond... Fondée sur la
beauté de l'âme, elle naît dans des régions
plus libres, plus pures et plus profondes que
toute autre affection... Son aliment est une
convenance immatérielle entre deux âmes, une
ressemblance mystérieuse entre l'invisible
beauté de l'une et de l'autre, beauté que les
sens peuvent apercevoir dans la révélation de
la physionomie, mais que l'épanchement d'une

confiance qui s'accroît par elle-même, mani-
feste plus sûrement encore, jusqu'à ce qu'enfin la lumière se fasse sans ombres et sans
limites, et que l'amitié devienne la possession
réciproque de deux pensées, de deux vou-
loirs, de deux vertus. » (Sainte Marie-Magd.)

Clément d'Alexandrie distingue trois sortes
d'affections : « La première, comme aussi la
meilleure, est l'amitié, dont la vertu est le
lien; car la dilection est solide, qui s'appuie
sur la raison; — la seconde qui tient le milieu entre les deux autres, naît d'un intérêt
réciproque; — la troisième provient d'un commerce habituel; elle tourne et change au gré
du plaisir... D'après un philosophe payen, la
première naît de la science des dieux; l'autre
des bienfaits de l'homme; la troisième de l'ê-
tre animé. » (Stromates.)

Il entre trop d'égoïsme et d'inconstance
dans ces deux derniers genres d'affection,
pour qu'ils puissent mériter le nom de vraie
amitié, que Lacordaire appelle « une rare et
divine chose » : — « Ce quelque chose, qui
tient de la béatitude », selon saint Antonin, —
« la chose après Dieu, dit saint Augustin, la

plus sainte que l'on puisse désirer, la plus
utile à rechercher, la plus difficile à trouver,
la plus douce à goûter, et la plus difficile à
posséder ».

Ici l'histoire naturelle est d'accord avec la
philosophie. « Il s'en faut bien que tous les
attachements viennent de l'âme, et que la fa-
culté de pouvoir s'attacher suppose nécessairement la puissance de penser et de réfléchir,
puisque c'est lorsqu'on pense et qu'on réflé-
chit le moins que naissent la plupart de nos
attachements; que c'est encore faute de penser et de réfléchir qu'ils se confirment et tour-
nent en habitude; qu'il suffit de quelque chose
qui flatte nos sens, pour que nous l'aimions;
et qu'enfin il ne faut que s'occuper souvent
et longtemps d'un objet pour en faire une
idole.

« Mais l'amitié suppose cette puissance de
réfléchir: c'est de tous les sentiments le plus
digne de l'homme et le seul qui ne le dégrade
point. L'amitié n'émane que de la raison: l'impression des sens n'y fait rien : c'est l'âme
de son ami que l'on aime; et, pour aimer une
âme, il faut en avoir une, il faut en avoir fait

usage, l'avoir connue, l'avoir comparée et trouvée de niveau à ce que l'on peut connaître de celle d'un autre; l'amitié suppose donc nécessairement non seulement le principe de la connaissance, mais l'exercice actuel et réfléchi de ce principe. — Ainsi l'amitié n'appartient qu'à l'homme; et l'attachement peut appartenir aux animaux. » (Buffon.)

« L'amitié, ainsi comprise, existe-t-elle? n'est-elle pas un de ces nuages d'or qui apparaissent au lever du matin et ne voient jamais le soir? » (Lacordaire.)

Elle existe, mais seulement dans les cœurs purs et saints.

« L'amitié, ô Dieu, n'est pas vraie, si vous ne la liez vous-même par votre charité entre ceux qui s'attachent. » (Saint Augustin.)

« L'amitié vraie, parfaite et complète, est celle qui est fondée sur l'amour de Dieu. » (Saint Ambroise.)

« Je ne sais pourquoi on se met dans l'esprit, qu'il faut quitter ses amis pour être à Dieu : je ne vois pas pour quelle raison... Les gens qui aiment pour l'amour de Dieu, aiment bien plus solidement que les autres.

Une amitié de goût et d'amour-propre n'est
pas de grande fatigue et elle est de grand
entretien... Rien n'est si sec, si dur, si froid,
si resserré qu'un cœur qui s'aime seul en toutes choses... Rien n'est si tendre, si ouvert,
si vif, si doux, si aimable, si aimant qu'un
cœur que possède et anime une amitié épurée
par la religion... Pour les âmes qui sortent
d'elles-mêmes et qui s'oublient véritablement
en Dieu, leur amitié est immense comme Celui
en qui elles aiment. Il n'y a que le retour sur
nous qui borne notre cœur, car Dieu lui a
donné quelque chose d'infini par rapport à
lui. » (Fénelon.)

« Il serait singulier en effet que le christianisme, fondé sur l'amour de Dieu et des
hommes, n'aboutit qu'à la sécheresse de l'âme
à l'égard de tout ce qui n'est pas Dieu. Le dé-
tachement de soi-même, loin de diminuer
l'amour, l'entretient et l'augmente. Ce qui
ruine l'amour, c'est l'égoïsme, ce n'est pas
l'amour de Dieu ; et il n'y eut jamais sur la
terre d'ardeurs plus durables, plus pures,
plus tendres que celles auxquelles les saints
livraient leur cœur à la fois dépouillé d'eux-

mêmes et rempli de Dieu. » (Lacordaire.)

Ne soyons donc pas surpris de trouver dans le cœur des saints cette amitié qu'ils ne craignent pas d'exprimer avec tant de chaleur et d'onction.

« L'amitié pure et vraie, dit saint Jean Chrysostome, est un trésor inestimable; elle est une source de joies intimes et profondes. Les amis laissent quelque chose d'eux-mêmes dans les lieux où nous avons été avec eux, et, quand ils sont partis, nous conservons avec une douce tristesse le parfum de leur présence. Il vaudrait mieux pour nous ne pas jouir de la lumière du soleil que d'être privés de la douceur de l'amitié. »

« Je vous respire plus que l'air qui m'environne, écrivait saint Grégoire à saint Basile; si je vis, c'est avec vous, soit lorsque vous êtes présent, soit, le plus souvent, quand nous sommes séparés. »

« Absent par le corps, écrivait le pape saint Grégoire le Grand à son ami saint Léandre, vous êtes toujours présent à mes regards, car je porte gravés au fond de mon cœur les traits de votre visage... Vous saurez lire dans votre

propre cœur la soif ardente que j'ai de vous
voir, car vous m'aimez assez pour cela. Quelle
cruelle distance nous sépare! J'ai reçu votre
lettre écrite avec la plume de la charité. C'est
dans votre cœur que vous avez trempé votre
plume. Chacun de ceux qui l'ont entendue
s'est mis à vous tendre la main de l'affection;
on semblait non pas seulement vous entendre,
mais vous voir avec la douceur de votre
âme. »

« Les vrais amis, écrivait Fénelon, dans
l'un de ces moments où tout le courage cède
aux émotions trop légitimes de la nature, les
vrais amis font notre plus grande douleur et
notre plus grande amertume. On serait tenté
de désirer que tous les bons amis s'entendis-
sent pour mourir ensemble le même jour.
Ceux qui n'aiment rien, voudraient enterrer
tout le genre humain, les yeux secs et le cœur
content : ils ne sont pas dignes de vivre. Il en
coûte beaucoup d'être sensible à l'amitié; mais
ceux qui ont cette sensibilité seraient honteux
de ne l'avoir pas; ils aiment mieux souffrir
que d'être insensibles. »

Notre-Seigneur Jésus-Christ ne nous a-t-il

pas fait un précepte « de nous aimer les uns
les autres; comme lui-même nous a aimés »?
(Jean, xiii, 34.) — N'a-t-il pas prié son Père,
« afin que nous devinssions un par le cœur,
comme il ne fait qu'un lui-même avec son
Père céleste »? (Jean, xvii, 21.) — Et l'un des
reproches du grand apôtre aux payens, n'est-
il pas « d'être sans cœur et sans affection »?
(Rom., i, 31.)

Après l'amour de Dieu, l'amitié tint le premier rang dans le cœur d'Octavie de Gallery.

« Sois tout à ton ami, dès que tu l'as nommé,
est, écrivait-elle, un texte, dont la longue pa-
raphrase s'étend sur toute ma vie. »

Elle savait en estimer tout le prix, et en témoignait souvent à Dieu sa reconnaissance :

« Que Dieu, disait-elle, est adorable d'avoir
laissé tomber sur notre cœur quelques gouttes
de cette mer d'amour, qu'il a pour ses créatures! »

*
* *

« Il est bien doux, quand on aime, de rencontrer un cœur à la hauteur du sien. »

L'égoïsme, la recherche de soi-même, dont
si peu savent se dégager, même dans leurs affections les plus chères, lui étaient complètement inconnus; le dévouement se trouve à
l'origine, comme dans tout le cours de ses affections.

« C'est un grand bien, disait-elle, de trouver,
à côté de soi, un cœur toujours ouvert, un intérêt autre que le sien propre. »

*
* *

« Le chagrin, la douleur éloignent les faux
amis. Mais combien doivent être vrais et sin-
cères ceux que le malheur nous donne! »

La plus ancienne et la plus longue de ses
amitiés, en dehors de la famille, grandit au
chevet du lit de son amie, qu'elle ne quitta
pas un jour durant les longs mois d'une maladie, qui lui fournit l'occasion de faire éclater
jusqu'à l'héroïsme, le courage et le dévoue-

ment de l'amitié. Rien ne put l'empêcher d'avoir son lit auprès de sa chère malade et de partager ses angoisses la nuit comme le jour. Si on voulait réclamer des convenances d'abord, puis de sa santé, l'abandon aux servantes de la maison de soins aussi fatigants : « Vous oubliez, répondait-elle, que les malades, dans l'état surtout de mon amie, ont plus besoin encore d'affection que de soulagements corporels, et que rien n'est doux au cœur comme de se faire la servante de l'amitié ». — Cette affection, qui n'avait été jusque-là qu'une estime réciproque d'un mérite fort rare des deux côtés, une sympathie de goûts et d'aspirations, se resserra en ces liens étroits et indissolubles de la pure et vraie amitié, pour ne plus former jusqu'à la mort qu'un cœur et qu'une âme.

L'amour fraternel, source de si pures et si douces jouissances, dans certaines familles privilégiées, mais presque inconnu dans nos jours d'égoïsme et d'intérêt, du plus grand nombre... fut, pour Octavie de Gallery, l'origine d'une de ces affections « fortes comme la mort », où l'amitié tient plus de place encore que le sang. La sœur qui lui a survécu, a bien pu dire en toute vérité, comme saint Bernard de son frère : « le glaive de la mort a percé également son âme et la mienne; et la séparant en deux, elle en a placé une partie dans le ciel et l'autre sur la terre ».

Elle connut aussi ces affections qui tirent leur origine des bienfaits que les âmes nobles et généreuses répandent autour d'elles sur tout ce qui souffre et a besoin. La générosité attache plus que la reconnaissance. Octavie de Gallery le savait; mais jamais sa main ni son cœur ne furent arrêtés par une pensée égoïste.

« Faites, disait-elle, le plus de bien que vous pourrez à tout le monde; mais n'attendez de reconnaissance que de Dieu. C'est une vérité que chacun reconnaît; d'où vient cependant qu'on est si blessé de l'indifférence de ceux que nous avons comblés de bienfaits? C'est que l'esprit raisonne et que le cœur sent. C'est qu'on est pris soi-même à son propre piège : on croit attacher par des bienfaits; et l'on s'attache soi-même à ceux sur qui on les répand. »

.·.

« On trouve encore du bonheur à faire des
ingrats; mais il n'y a que du malheur à l'ê-
tre. »

———————

Demandons à sa propre plume l'expression
de son cœur et de ses affections :

« Les souffrances physiques ne m'ont jamais
beaucoup affligée, ni affectée; mais je n'en
saurais dire autant de celles du cœur. J'avoue
que tout ce qui touche à cette partie sensible
de mon être, m'impressionne extrèmement; et
il sent si vivement et oublie si peu, que je
ne sais trop d'où j'en suis humainement parlant. Ce dont je suis bien sûre, c'est que le
sacrifice de ma vie me serait bien moins pénible que le sacrifice de certaines affections. »

.·.

« Il faut perdre ceux que l'on aime, pour
savoir combien on les aimait. »

« La présence des vrais amis est bien douce :
je l'ai goûtée cette semaine. Aussi l'ai-je trouvée
bien courte, car je l'ai comptée avec mon
cœur. »

« Dans l'absence, je trouve que les jours s'é-
coulent bien lentement ; je compte les jours et
les heures, qui me semblent bien longs. Qui
donc a dit que le temps avait des ailes...; s'il
en a jamais eues, elles sont donc coupées.
Coquin de temps, hâte-toi donc et va plus
vite... Mais il ne tardera pas à reprendre ses
ailes. alors que je ne lui en voudrais plus.
J'en frissonne par la pensée. »

« Jour de joie et de satisfaction ! Enfin j'ai
ma bonne, mon excellente sœur. Avec quel
élan nous nous sommes jetées dans les bras

l'une de l'autre. Oh! qu'il est doux, qu'il est
heureux de pouvoir se presser sur un cœur si
aimant et si dévoué, qui bat à l'unisson du
nôtre, qui partage vos sentiments, vos pensées,
qui ne fait qu'un cœur avec votre cœur! Aussi,
je me promets quinze bons jours. Mais re-
tournons à elle... J'ai bien à faire, pour m'ac-
quitter de tous ses bons soins de l'hiver. »

*
* *

« Je serai heureuse de posséder à la fois
mes deux joies de la terre, joies si douces et
si suaves, qu'on sent qu'elles sont un rayon
du ciel. »

*
* *

« J'ai dit adieu à M... l'œil sec et le cœur
froid; car rien ne m'y réchauffe plus. Tout
s'arrange pour le mieux. C'est quelque chose
de pouvoir aller, venir, retourner, repartir
avec une parfaite indifférence. Il n'en a pas été
toujours ainsi pour moi; j'ai senti bien des
fois que l'agrément des voyages était payé

bien cher par l'impossibilité d'emporter avec soi tout son cœur, devant en laisser la meilleure partie aux absents. »

*
* *

« Bien que vous ne me voyiez plus, je ne vous ai point quitté. Mon cœur et mon esprit sont sans cesse à X... Je vous vois et vous suis des yeux. Je vous entends, comme il y a huit jours. Mon Dieu, qu'il est doux de se voir ainsi à travers l'espace, et de s'entendre, malgré les distances. Les yeux et les oreilles du cœur ont un tact, qui adoucit les rigueurs de l'absence.

« Ma pensée ne vous quitte guère; mon cœur, toujours près du vôtre, écoute avec délices ses aspirations et ses regrets, pour vous les renvoyer du mien centuplés et parfumés du bonheur que vous m'avez fait goûter. Ce bonheur m'effraierait, s'il devait durer; mais plus on le sent, plus la séparation rachète ces douces jouissances du cœur. »

*
* *

« Comme tout est vide après le départ de
ceux qu'on aime ! Ils n'occupaient qu'une place
à la table comme au foyer. Et cependant tout
manque après leur départ. »

*
* *

« J'ai le cœur bien gros et l'œil humide.
Ma bonne, mon excellente sœur est partie ce
matin, pendant que j'étais à la messe. Elle avait
exigé que je fusse près de Dieu, pensant que
je trouverais là la force et le courage pour ces
heures pénibles de la séparation.

« J'ai déposé dans son cœur les douleurs
de mes deux mardis, lui disant que je n'avais
plus que lui à me consoler ; et, comme on peut
tout dire à ce divin consolateur, je lui ai beaucoup parlé de mes chers regrettés. Cela ne m'a
pas empêchée qu'au retour, je me suis sentie
froid au cœur. »

* *
*

« Que dire, quand on a le cœur si plein ?

« … Je me trouve dans la position d'une personne qui a une blessure profonde : elle n'ose
ni bouger, ni remuer, de crainte d'élargir la
plaie et la rendre plus sensible. »

* *
*

« Je regrette cette ville, où l'amitié m'a
fait une vie si douce et si agréable. Fêtée,
choyée, aimée par tous les membres de cette
nombreuse famille, qui n'a cessé de m'entourer,
comme on fait pour une reine, je ne puis
m'éloigner qu'avec peine de ces cœurs amis
et bienveillants. On ne s'habitue pas aux sacrifices ! sans cela, je dirais : un de plus, c'est
ma vie.

« Je puis dire, en effet, depuis quelque
temps : c'est ma vie de vivre de sacrifices ;
mais je ne puis le dire avec ce ton dégagé,
qui prouve qu'on y est fait. Je ne suis point
arrivée à cette perfection-là, qui, je crois, vient

autant du caractère que de la vertu chez certaines personnes. Pour moi, je souffre, je souffre toujours beaucoup, lorsque je me sépare de mes amis ! »

.˙.

« Nous voilà donc séparés... Est-ce bien vrai ?

« Hier, ma sœur et moi, nous allâmes après dîner à ... C'était la route que vous aviez suivie le matin ; il me semblait que la vitesse de notre course allait finir par vous atteindre..., et mon cœur, guidé par son désir, battait plus fort, et mes yeux, perçant le lointain pays, cherchaient à vous voir, ou du moins des vestiges de votre passage. Mais vain espoir, désir inutile, rien, plus rien... et rentrant à X... il y avait dix-sept lieues entre nous... quel vide partout, excepté dans mon cœur !...

« On me parle de vous sans cesse, et en termes qui me rendent fière, mais ma fierté est bien expiée par la séparation... Je ne puis en écrire plus long... le trop-plein de mon cœur monte jusqu'à mes yeux. »

. .

« Allons. mon confident, serrez vos lignes, pressez vos mots, vous avez fort à faire, pour être le fidèle écho de mes pensées et de mes sentiments. Ils ne sont pas gais aujourd'hui; je suis toujours sous l'impression de la séparation. Que de tristesse elle me laisse! Comme tout est vide! Le regard erre de tous côtés, il voit encore; mais l'âme est oppressée et jette un cri vers le ciel! Oh! il faut prier et prier beaucoup... J'en ai fait encore la douce épreuve aujourd'hui. O mon Dieu, l'âme en peine, qui se tourne vers vous, trouvera toujours en vous sa consolation et sa paix. »

. .

« Quant on ne vit que par le cœur, combien les adieux sont pénibles ! Ne peut-on pas toujours craindre que ce soient les derniers? Mais pourquoi cette appréhension? Quitter ses amis pour Dieu. c'est les posséder sans fin. »

*
* *

« Qu'est-ce que la vie? C'est une séparation
de tout ce qui nous est cher; car il est rare
de vivre près de ceux qu'on aime. Dieu l'a
permis sans doute, pour que nous sentions
que la terre est un exil; et que les satisfactions que nous y goûtons ne sont que passagères. »

*
* *

« Toujours vivre ensemble, cœur à cœur, en
famille, serait trop **doux pour des pécheurs!**
Les privations de l'absence sont une juste
compensation des jouissances de l'amitié : il
faut que tout s'achète et s'expie ici-bas. »

*
* *

« Faut-il que nous payions toujours nos
plus douces jouissances par quelque sacri
fice? Le cœur n'est complet que dans le sein
de Dieu : sur la terre, il est par lambeaux. »

* *

« Dans l'absence des êtres chers, j'ai le bon esprit de faire le bon Dieu confident de mes peines. C'est à lui que je parle d'eux, lorsque les tristesses de l'absence viennent à me faire souffrir. Si mes prières pour eux ne sont pas exaucées, ce sera plutôt par défaut de qualité que par défaut de quantité. J'espère qu'ils me rendent la pareille et que bien souvent, sans nous voir, nous nous trouvons bien près dans le cœur du Père des Cieux. Prier, prier souvent les uns pour les autres, c'est la vraie, la seule consolation pour les cœurs séparés! »

* *

« Aussitôt après votre départ, je n'ai eu rien de plus pressé que d'aller m'entretenir avec Dieu! C'est à ses pieds divins que je me sens le mieux, quand je souffre : je répands mon cœur tout entier près de ce grand Consolateur: je prie pour les chers absents, je le prie de les bénir, de les inspirer, de leur allé-

ger le fardeau de la vie ; enfin, je me relève
fortifiée et résignée, sinon consolée. »

Personne ne savait mieux qu'elle déposer
son cœur sur le papier, dans ces correspon-
dances intimes, si douces à l'amitié, qui ont
tenu une si large part dans sa vie, et qu'elle
goûtait si vivement :

« Mon Dieu, quelle douce chose que de
s'écrire ! Une lettre, c'est un autre nous-même,
c'est le dépôt de notre esprit et de notre cœur.
Que j'aime ce délicieux échange de deux âmes
amies, ce doux commerce, comme dit Mme de
Sévigné, de l'intelligence et du cœur. J'ai
tellement pris le goût d'écrire, que je ne sais
à quoi passer ma matinée, quand je n'ai pas
au bout des doigts ce petit métal noirci. C'est
pour en faire usage plus longtemps, que j'ai
reculé mon dîner d'une heure. »

* *

« Que vous êtes bon, que vous êtes aimable
de m'écrire de si gracieuses choses ! Elles met-

tent un peu de baume sur les plaies de mon
cœur souffrant. Que Dieu soit béni d'avoir
permis que les distances fussent rapprochées
par cet échange de pensées que l'on confie au
papier! Comme cela répond bien au besoin du
cœur! Lire, c'est presque entendre parler. »

*
* *

« Ma lettre court la poste pour vous rejoin-
dre; mais combien mon cœur court plus vite
encore! Il est heureux du plaisir que vous
allez goûter à lire ces petites lignes bien tas-
sées... Oh! que c'est une heureuse invention
que celle qui nous permet ainsi de communiquer nos pensées, nos sentiments et nos
cœurs! »

*
* *

« Je ne vais écrire que quelques mots; mais
qu'est-ce que cela pour un cœur qui contient
un volume... Oh! quel froid! mais rassurez-
vous cependant, vous n'en ressentirez rien :
la partie qui vous est appropriée est à l'abri

des intempéries des saisons. Aussi, malgré ce froid si intense, je sens toute l'ardeur de mon cœur qui aspire une lettre de vous. Quand arrivera-t-elle ? Je suis comme un corps sans âme, quand je n'ai pas de vos nouvelles. »

*
* *

Elle pouvait bien dire en toute vérité :

« Quand j'écris aux personnes chères, il me semble que je trempe ma plume dans mon cœur. »

Pour Octavie de Gallery, l'amitié était un don de Dieu : descendue du ciel, elle devait remonter au ciel.

« Les affections, qui nous tombent du ciel et y remontent, sont bien fortes. »

« Les roses naissent au milieu des épines. Comme la Providence arrange bien toutes choses ! C'était un jour de larmes, il m'en souvient ; je pleurais avec toute l'amertume possible. Ma douleur vous monta au cœur ; et depuis lors, le vôtre et le mien sont restés confondus dans ce qu'on appelle : amour maternel, amour filial. Oui, Dieu est bon, de tirer ainsi le bien du mal! qu'il est adorable d'avoir laissé tomber sur notre cœur quelques gouttes de cette mer d'amour qu'il a pour ses créatures! L'en avez-vous remercié quelquefois? Pour moi, ce qui me ravit encore plus que la faculter d'aimer, c'est l'obligation de nous aimer en Lui, pour que nous puissions nous aimer éternellement.

« Oh! que j'aime les belles pages, où le grand et doux évêque (saint Augustin) fait un si beau tableau de l'amitié en Dieu! Je n'oserais dire qu'il a écrit en entier une page de mon cœur; mais cependant j'ai senti, au bien que m'ont fait ces paroles, qu'elles ne m'étaient pas étrangères, car je les concevais trop bien.

« A quoi servirait de s'aimer sur la terre, si on ne devait pas s'aimer dans l'Éternité! La vraie amitié vient de trop haut, pour être bornée à la terre. »

Dans toutes ses lettres intimes, Dieu a part à ses joies comme à ses peines : tout se rapporte à lui, tout lui est offert, soumis à sa sainte volonté ; et c'est sous son regard qu'elle épanche son esprit et son cœur.

« La pensée et l'affection des Êtres chers me servent souvent d'ailes pour voler à Dieu. Rarement ma pensée et mon cœur tombent sur eux, sans s'élever vers Dieu en un doux sentiment d'affection reconnaissante et de suppliante prière. Je sens que mon affection vient de Dieu et retourne à Dieu. »

*
* *

« Mon crucifix est le confident de toutes mes joies, comme de toutes mes peines. Dans l'absence des êtres chers, je les dépose au pied de mon crucifix. »

*
* *

« *1ᵉʳ janvier*. — Voici un triste jour pour moi... mon cœur ne sent que le vide autour de lui... Aussi ce sont les larmes dans les yeux que j'ai répondu aux vœux de bonne année.

« J'ai bien prié, je veux dire : j'ai beaucoup prié pour vous et pour moi. Je vous ai mis dans le berceau du divin‚Enfant, pour qu'il vous bénît d'une manière particulière. . . . . .

« Je ne veux pas clore cette lettre, sans avoir déposé un bon baiser sur les ailes de mon ange, le chargeant de le porter à qui de droit, avec tout ce que mon cœur peut désirer de plus heureux. »

1ᵉʳ janvier. — A vous les prémices de cette nouvelle année. Après l'avoir offerte à Dieu, en le priant de la bénir, pour qu'elle soit tout entière consacrée à sa gloire; je veux vous dire toute la part que vous avez eue à cette consécration, en donnant à Dieu mon cœur et toutes ses affections. Puissions-nous n'y faire autre chose que la plus grande gloire de Celui à qui nous devons tout et à qui nous appartenons...

« Vous en avez dit autant ce matin, je n'en doute pas; je vous ai entendu, je vous ai senti dans le cœur de Dieu même. Ah! qu'il est bon d'être unis ainsi, même à travers l'espace : il n'y a point de séparation, quand

Dieu est avec nous, ou mieux quand nous sommes en Dieu... Je ne vous dirai pas après cela ce que je vous souhaite : tout ce dont nous avons le plus besoin en ce monde, pour conquérir l'autre. »

* *

« Cette pauvre **A.** est en route pour Vichy. Mes prières, comme mes pensées, l'accompagnent partout; mais hélas! les unes et les autres n'apportent guère de soulagement au fardeau de sa vie. Mais à Vichy, comme ailleurs, elle est sous la main de Dieu! Il compte ses labeurs, ses sacrifices, pour les payer au centuple; car il ne se laisse jamais vaincre en générosité. Si nous avions nos regards plus souvent tournés vers cette divine Bonté, combien nous serions plus heureux, même sur cette terre! Car, voulant ce que Dieu veut (qui est toujours notre bien), on ne serait jamais tourmenté ni contrarié. »

Octavie de Gallery avait l'horreur naturelle
de l'égoïsme, le nom seul la révoltait :

« Qu'en face, disait-elle, de tant d'infamies
et de turpitudes, on rougisse d'appartenir à
l'humanité, je le conçois ; mais se draper dans
l'égoïsme et le mépris, jamais pareils sentiments ne doivent même effleurer l'âme d'un
chrétien. »

Elle ne se faisait point illusion sur l'égoïsme
qui se dissimule sous le plus grand nombre
des amitiés du monde :

« Il ne faut point, a-t-elle écrit, aller chercher des cœurs sympathiques dans le monde :
il ne voit et ne sent vos peines qu'à son
point de vue et toujours superficiellement :
le mal d'autrui n'est qu'un songe. »

*
* *

« Que le monde nous dédommage peu des
sacrifices qu'il impose ! »

*
* *

« Les attachements sont la source de toutes
nos peines : c'est une expérience constatée

par tous. D'où vient qu'on s'attache quand
même? — Pauvre cœur! »

*
* *

« Plus on aime Dieu, plus on a de puissance sur son cœur. Il n'en est pas de même
des hommes; plus vous leur montrez d'affection, plus ils sont exigeants et égoïstes. »

*
* *

« Que l'homme est aveugle, quand il compte
facilement sur les protestations d'amitié!
Combien paraissent vous aimer, qui n'agis-
sent que par intérêt ou par orgueil! Deman-
dez-leur du dévouement : ils sont sourds ou
trouvent mille raisons pour se dispenser. »

*
* *

« Les amis dévoués sont rares. Il faut qu'ils
soient bien rares en effet, pour que le Sage
nous conseille de les choisir entre mille. »

* *

Était-ce pour elle un motif de froideur,
d'éloignement, de défiance? Entendons-la pro-
tester avec indignation :

« Pauvre amitié, que l'on t'outrage, lorsqu'on te jette à la face, comme un reproche,
ces indifférents et ces égoïstes indignes de
ton nom! Sainte et pure amitié, tu es véritablement un trésor, mais aussi rare que précieux, que tous ne méritent pas de trouver! »

Humble pour elle-même, elle ne l'était pas
également pour ses amis.

La réflexion qui suit, à cet égard, mérite
d'être méditée par l'amitié.

— « Pourquoi donc tant aimer l'approba-
tion des autres à l'égard de ceux que nous
aimons? Et pourquoi faisons-nous reposer
notre paix, notre félicité sur le plus ou moins
d'assentiments que nous recevons, même pour
nos affections les plus intimes? — Est-ce une
satisfaction du cœur? ou bien de l'amour-
propre? »

Il n'est aucune délicatesse de l'amitié qu'elle n'ait connue et pratiquée.

Octavie de Gallery jouissait, était heureuse des joies, du bonheur de ceux qu'elle aimait ; mais elle compatissait surtout à leurs souffrances, et c'était alors qu'elle dépensait, sans compter, tous les dons de son cœur.

« J'étais hier à B... voir nos pauvres amis, qui sont dans une si triste position, que je ne me sentais pas le courage de les quitter... Notre visite a paru faire bien plaisir et remonter le moral de ces pauvres vieux. Ils sont si isolés d'affection vraie : pour moi, plus je les vois malheureux, plus je m'y attache ; il suffit d'avoir des peines, pour avoir droit à mes sympathies. J'ai le cœur fait ainsi, et j'en remercie le bon Dieu ; car, s'il est triste de voir des affligés, il est bien doux de les consoler. Mais hélas ! il est des peines qui n'ont pas de consolation sur la terre... Alors j'élève les yeux vers le Divin Consolateur : *Sursum corda !* »

« La famille M... m'est restée quinze jours,
et chacun de ces jours a été rempli par les
promenades, les visites et les dîners... Après
leur départ, je fus le jour même à B... passer
deux jours et pleurer avec ceux qui pleuraient.
J'avais tant ri avec les rieurs, que je regar-
dais cela comme une sorte d'expiation. Tout
tristes que furent ces deux jours, cela me fit
du bien de me reposer le corps et l'esprit.
Je pleurais, il est vrai, mais les peines et les
larmes ne sont-elles pas l'état normal des
pauvres mortels? — Cette vie de plaisir, de
mouvement et de fêtes, n'est pour moi qu'un
entr'acte dans la vie; et en effet, à la manière dont on en jouit, ne voit-on pas que
personne ne compte sur sa durée. Ceci me
rappelle une romance que j'ai chantée jeune
fille :

> Beau papillon, que des zéphirs
> Emporte l'haleine légère,
> Tu me retraces les plaisirs
> Que nous poursuivons sur la terre,

*
* *

« Du salon à la cuisine, on n'entend que
toux : c'est un concert peu harmonieux, surtout pour les oreilles du cœur. Vous ne sau-
riez croire comme cela me fait souffrir, lorsque
j'entends cette pauvre A... tousser des heures
entières ! Je comprends alors ce mot célèbre
de Mme de Sévigné : « J'ai mal à votre poitrine ». Il me semble que la mienne se dé-
chire, quand j'entends la toux de ma sœur. »

*
* *

« Que votre lettre m'afflige ! Depuis le commencement jusqu'à la fin, elle a une teinte
de mélancolie qui perce malgré vous. On voit
que vous souffrez, plus encore moralement
que physiquement ; et, d'autant plus, qu'on
souffre davantage des peines des autres que
des siennes propres. J'en fais tous les jours
l'expérience, tout en passant pour la personne
la plus heureuse du monde. Il est vrai que

ceux qui le disent ne sentent les douleurs
que lorsqu'elles les touchent, faisant toujours
bon marché de celles des autres. — Pour moi,
j'ai un coin du cœur très sympathique : tout
ce qui souffre y a des droits : à plus forte
raison ce qui m'est cher. Aussi je ne puis
vous dire comme je suis affectée de vos
peines qui sont les miennes. »

*
* *

« Encore une triste lettre. J'ai besoin de
vous dire combien vos tourments m'affectent;
je ne vois que vous, je ne pense qu'à vous.
Comme je voudrais vous aider à porter cette
nouvelle croix, qui est aussi la mienne; car
j'en sens le pied dans mon cœur. Je souffre en
vous et pour vous, plus que je ne puis le dire,
qu'à Dieu. Aussi ai-je communié pour vous ce
matin, priant Dieu de vous consoler lui-même,
puisque je suis impuissante à le faire avec
mon cœur. Si on allait d'abord à cette source
suprême, que de déceptions on s'épargnerait ! »

* *

« Mme d'A... va toujours plus mal. Pauvre amie! il faudra donc encore faire le sacrifice de celle-là. Je n'aurai bientôt plus personne à aimer sur la terre : tout mon cœur s'en va au ciel! si ma sœur et vous n'étiez là pour lui faire sentir que tout n'est pas encore consommé. »

* *

« Il faut perdre ceux que l'on aime, pour savoir combien on les aimait! »

La mort de ceux qui lui étaient chers, loin de les couvrir du linceul de l'oubli, voilait à ses yeux et dans son cœur leurs imperfections, grandissait leurs qualités : elle professait pour eux un culte sacré dans le sanctuaire de son cœur et de ses souvenirs.

—————

Octavie de Gallery nous est déjà suffisamment connue, pour que nous ayons une idée

assez complète de sa nature sympathique,
basée sur le vieil adage : « Si vous voulez être
aimé, aimez d'abord vous-mêmes. »

Chaque personne a le beau côté et le revers
de la médaille. Il en est, et c'est le grand
nombre, qui sont portés à toujours envisager
le côté défectueux; tandis que les rarissimes
privilégiés excusent les défauts, pour n'envisager que les qualités : telles sont les natures
sympathiques, parmi lesquelles Octavie de
Gallery occupait un rang d'élite. Son excellente
nature l'y portait sans doute; mais la vertu y
avait la part principale.

« La piété est utile à tout, dit la Sainte
Écriture : elle fait aimer de Dieu et des
hommes. » (Tim., iv, 8. Eccl., xlv, 1.)

Quand Notre-Seigneur nous a dit :

« Apprenez de moi à être doux et humble de
cœur », il nous a enseigné le grand secret de
toute vertu divine et humaine. Octavie de Gallery pratiquait à un degré éminent ces deux
aimables vertus.

Pour elle, était aimable qui voulait.

« Tout le monde, écrivait-elle, au sujet d'une
réunion, était aimable et avait voulu l'être,

ce qui est mieux à mon avis ; car je crois que ceux qui ne le sont pas, c'est qu'ils ne veulent pas s'en donner la peine. Je n'en excepte pas même les sots, qui sont aimables à leur façon. C'est pour ne vouloir point être aimables, qu'il y a tant de gens ennuyeux dans le monde. »

L'oubli de soi-même, voilà le grand art d'être aimable. Sans cette vertu, fleur de la charité chrétienne, il n'y a point d'affabilité, de bienveillance vraie du cœur. — Elle s'était fait une longue habitude de s'occuper des autres, bien plus que d'elle-même.

L'aveu suivant, où ressort si bien sa belle âme, définit admirablement l'amabilité chrétienne.

« Satisfaite de plaire, je ne m'inquiète ni ne me contrarie point du contraire. »

En exerçant cette nature aimable qui la rendait auprès de tous si sympathique, elle ne suivait pas seulement l'attrait de son cœur, mais elle accomplissait un acte de piété, presque un ministère religieux.

« Si j'en crois le grand évêque d'Orléans, écrivait-elle, nous avons une grande mission à

remplir dans le monde et dans la famille, puisqu'il les faut convertir par nos prières et les
édifier par nos exemples. Oh! qu'elle est belle
la part de la femme chrétienne! elle marche
à la suite du sacerdoce. Les impies ont beau
chercher à nous ravaler, nous valons mieux
qu'ils ne disent. Ils voudraient nous arracher
notre couronne que nous tenons de la main de
Dieu; elle est plus souvent une couronne
d'épines qu'une couronne de fleurs, il est vrai,
mais peut-être souvent grâce à eux. Mgr Dupanloup n'aide pas peu à la raffermir sur
nos têtes en leur disant de belles et bonnes
vérités. Quelle éloquence et quel admirable
évêque! »

Suivons Octavie de Gallery dans les impressions premières qu'elle inspire, dans les tête-
à-tête avec des personnes rencontrées fortui-
tement, inconnues ou presque inconnues; et
soyons témoins comment la glace de l'inconnu
est vite fondue et fait place aux sympathies du
cœur.

« Je suis partie de... à midi, avec la femme
du receveur général de la ville, une femme
charmante sous tous les rapports, pieuse

comme un ange. — Nous avons transformé le
wagon en oratoire, faisant, toutes les deux,
nos exercices de piété, comme dans une cha-
pelle. Nous nous sommes quittées à la gare
de... nous promettant de nous revoir souvent,
lorsque je serais à... Quand je m'effrayais de
voyager seule, assez loin, en chemin de fer,
je ne comptais pas sur la bonne Providence, qui
sait toujours arranger les choses pour notre
mieux. »

*
* *

« Décidément Mme de I... et moi ferions bon
ménage, si elle était ma voisine. Son abord froid
se fond et son regard nuageux voile un cœur aimant... Nous avons eu une longue conversation seule à seule, c'est une femme que je ne
crois pas heureuse... puis elle a une santé pi-
toyable, qui lui donne une sensibilité nerveuse
en plus. Elle a beaucoup pleuré avec moi sur
l'éloignement de sa M..., non pas qu'elle ne
soit parfaitement rassurée sur son sort, comme
épouse ; mais c'est sur l'isolement où ce mariage l'a réduite, qu'elle versait toutes les lar-

mes de ses yeux. J'ai tout de suite compris
ce cœur de mère, je me suis mise à l'unisson
du sien; et je vous laisse à deviner si je lui
ai été sympathique... Je ne sais ce que je lui
ai dit dans mon attendrissement; mais je sais
bien qu'elle m'a pris les mains, les a serrées
dans les siennes, et que nous avons fini par
nous embrasser. »

Les affections, chez Octavie de Gallery,
semblaient faire partie de sa piété. Ne faisant
qu'un cœur et un esprit avec ses meilleurs
amis, elle les portait sans cesse, avec son
âme, vers Dieu. Sa correspondance intime en
offre, presque à chaque page, de touchants
exemples. A propos des choses les plus vulgaires de la vie, comme des considérations les
plus philosophiques, elle sait élever l'âme,
surnaturaliser toutes choses, faire tout con-
verger vers Dieu, avec une délicatesse admirable. On sent comme un souffle léger qui
détache doucement de la terre et emporte
vers le ciel sur des ailes mystérieuses.

La vraie amitié porte vers Dieu soi et ses amis.

« L'amitié véritable, dit saint Augustin, n'a point de secrets. » Comme saint Augustin, elle se livrait aisément tout entière à la charité de ses amis. Elle s'y reposait, sans que rien l'inquiétât, « car elle sentait Dieu dans l'âme à qui elle se confiait ».

« La douleur, disait-elle, ne se laisse voir qu'aux intimes ; les autres ne la comprennent pas. »

______

La fidélité formait le fond même de ses affections. Elle ne pouvait comprendre ces affections légères nées du caprice, nourries par l'égoïsme, où les amis, semblables aux abeilles qui voltigent d'une fleur à l'autre, après en avoir effleuré le calice, forment chaque jour de nouvelles liaisons, qu'elles oublient le lendemain. Jamais, chez elle, une amitié ne fit tort à l'autre. Le grand secret de cette constance inaltérable dans son cœur, était dans sa droiture qui ne soupçonnait jamais ; dans son humilité toujours satisfaite ; dans sa haute raison, qui ne l'aveuglait point sur ses amis ; dans son dévouement inépuisable.

« Avant tout, entre amis, dit saint Augustin, doit-on éviter les soupçons qui sont le poison de l'amitié. »

« Le cœur droit, écrit Octavie de Gallery, ne soupçonne jamais celui des autres. »

Ses lettres, vrais petits chefs-d'œuvre, elle ne comprenait pas qu'on y pût trouver de l'intérêt : « Vous me rassurez sur l'utilité de mes longues lettres. Je me dis souvent, en les écrivant : je ne sais comment on a le courage de lire tout cela. Vous qui passez vos journées à lire des chefs-d'œuvre, comment pouvez-vous trouver quelque agrément à lire tout mon fatras ? Et vous me dites que mes lettres vous font du bien : c'est donc que le cœur est comme la poésie et prête des charmes à tout. »

« J'ignore comment on peut ressentir une secrète joie de l'humiliation des autres. »

*
* *

Loin de faire rejaillir sur l'amitié les défauts des amis, entendons avec quelle philosophie chrétienne elle savait expliquer les imperfections humaines, dont l'amitié souffre trop souvent :

« Dans l'amitié pure, comme tout est sans intérêt, et sans réflexion sur soi, on voit tous les défauts de son ami et de son amitié, sans se rebuter. »

*
* *

« Dieu permet souvent que ce sont ceux qu'on aime le mieux, qui nous taquinent, qui nous agacent, parce qu'il veut nous faire sentir que tout ce qui est humain, n'est point parfait. Il faut donc se résigner à souffrir et à faire souffrir, ce qui est encore plus pénible, quand on le reconnaît. »

« C'est ainsi que, dans l'amitié la plus intime, Dieu permet que nous ayons des déboires, des contrariétés pour nous apprendre à ne pas trop compter sur le cœur humain, qui s'endort,

quand il ne peut plus se dilater. Le cœur de
Dieu au contraire est toujours fécond, toujours
ingénieux à nous consoler, à nous guérir dans
nos peines et nos maux. — Mais pourquoi demander l'impossible à l'humanité? »

« Il n'est rien d'humain au fond de quoi ne
se trouvent l'imperfection, la fragilité et même
la souffrance. »

Cette connaissance du cœur humain et de ses
défauts impose des devoirs à la vraie amitié :
ceux de l'avertissement et des conseils, sorte
de correction fraternelle si recommandée par
l'Évangile. C'est un mérite, un certain courage,
non moins de savoir donner, que recevoir les
conseils de l'amitié.

Octavie de Gallery savait pratiquer avec une
délicatesse extrême cette pierre de touche de la
charité, de l'amitié chrétienne, et faire accepter
ses conseils, sans humiliation, avec reconnaissance.

Une lettre qui nous demeure d'une de ses
amies, est un trop parfait modèle de délicate
prudence et de noble franchise entre amis, pour

qu'il nous soit possible de la passer sous silence.

Entre elle et l'amie la plus intime de toute sa
vie, survint un malentendu capable de rompre
leur vieille amitié, si elle n'eût été à toute
épreuve et accompagnée des deux côtés de la
prudence qui devrait toujours régner dans
l'amitié. Le motif de ce malentendu est ignoré.
Il n'en reste d'autre témoignage que la réponse
de cette amie, femme de député et mère de sé-
nateur. Cette lettre honore trop l'une et l'autre
amie, pour que nous n'en citions pas quelque
chose. Elle nous révèle une délicatesse bien
rare et peut servir de modèle dans tous les cas
trop fréquents de froissements réciproques,
auxquels sont exposées même les plus par-
faites amitiés. Mlle de Gallery la première fit
part de sa plainte et sollicita une explication.
Mme X... répond ainsi :

« Ma bonne et chère amie, je ne veux vous
écrire qu'avec mon cœur; et c est avec les sentiments de notre vieille amitié que je vais vous
donner les explications que vous désirez. Ce
n'est point par oubli, ma chère Octavie, que je
ne vous ai pas écrit; mais parce que j'avais le

cœur gros et que je vous l'aurais peut-être dit trop vivement : j'ai mieux aimé que mon silence seul apprenne à mon amie qu'elle m'avait peinée.

« Je demande, ma bonne Octavie, à la justesse de votre esprit, à la bonté de votre cœur, à la vieille amitié qui nous lie, d'examiner et de juger si je puis être satisfaite. En faisant votre examen, vous reconnaîtrez que vous avez failli me causer bien de l'ennui. Je vous ai trop aimée, mon Octavie, pour qu'il ne m'en reste pas quelque chose ; et, malgré la sévérité de votre dernière lettre, je veux croire qu'il en est de même pour vous. Par conséquent, je crois que tous nos mécontentements réciproques n'iront pas bien loin et aboutiront à des embrassements tout de cœur, quand nous nous reverrons. »

Les belles paroles qui suivent, nous permettront de pénétrer au plus profond de son cœur et d'en mesurer tout le dévouement sublime.

« Les dons ne mesurent pas l'amour, comme les sacrifices. C'est une si grande satisfaction que de combler de dons un objet aimé ! Mais se sacrifier en tout, se sacrifier toujours, c'est le sublime de l'amour. Et se sacrifier chaque jour pour des indifférents, c'est le propre de l'Homme-Dieu. »

L'amour de Dieu et les affections de la terre semblent se confondre et ne faire qu'un dans son cœur, c'est le même foyer qui les échauffe, le même souffle qui les anime.

« Votre travail sur la sainte Eucharistie prouve que vous ne perdez pas votre temps; vous ne l'aurez pas perdu non plus, je l'espère, à mon égard; car plus je le lis, plus il me charme et me fait de bien. Si je puis acquérir un degré plus grand de ferveur envers le divin Sacrement; comme l'amour de Dieu développe le cœur, j'en aimerai davantage mes amis, quand l'amour que vous m'inspirez pour Notre-Seigneur, sera l'aliment du nôtre. — Je supplie ce divin Sauveur que vous soyez semblable aux bassins d'une claire fontaine, qui ne répandent leurs eaux que quand ils en sont pleins. »

« Pareille, selon la belle expression de sainte Catherine, à quelqu'un qui boirait dans un vase, mais le vase restant toujours plongé dans l'Océan », elle aimait vraiment ses amis en Dieu, mais d'une affection vive, tendre, accompagnée de sensibilité ; car, nous assure le pieux et aimant Fénelon : « Dieu sait bien rendre la sensibilité pure dans l'amitié, dont il forme lui-même le fond et fait l'aliment ».

Elle était initiée à cette sublime philosophie de l'amitié subsistant au sein de Dieu, où les âmes (et plus tard les corps) « avec leurs noms, leurs traits, leur caractère et leur histoire sont et subsistent ; et où nous reverrons, nous rencontrerons et nous aimerons nos amis. » (Gratry, *Conn. de l'âme.*) — « Tu es inscrite et gravée en moi, disait Notre-Seigneur à la Bienheureuse J. M. de la Croix, avec toutes les années, et tous les nombres de ta vie, avec toutes tes actions, tes souffrances, et tes impressions. »

En attendant cette union parfaite de l'amitié dans le ciel, « les élus voient, entendent, aiment toujours leurs vrais amis. Leur amitié est immortelle, comme leur source. » (Fénelon.) — « Ils se désaltèrent à loisir dans votre sagesse, ô mon Dieu : et cependant je ne crains pas qu'ils s'enivrent là jusqu'à nous oublier, quand vous, ô Seigneur, qu'ils boivent, conservez notre souvenir. » (Saint Augustin.)

Saint Vincent de Paul, le moins visionnaire des hommes, qui commence à nous assurer qu'il aimerait mieux mourir que de mentir, nous raconte : « qu'étant à genoux, pour prier Dieu, il vit un petit globe, comme de feu, qui s'élevait de la terre et s'alla joindre à un autre globe plus grand et plus lumineux ; et les deux, réduits en un, s'élevèrent plus haut, entrèrent et se répandirent dans un autre globe infiniment plus grand et plus lumineux que les deux autres, et il lui fut dit intérieurement que ce premier globe était l'âme de Françoise de Chantal, le second l'âme du Bienheureux François de Sales, et le troisième l'Essence divine ».

CHAPITRE V

I

La vraie piété, en élevant l'esprit et le cœur
vers Dieu, purifie, agrandit, ennoblit tous les
sentiments humains, honnêtes et licites. L'âme
qui respire vers le ciel, mêle naturellement
quelque chose des parfuns de l'atmosphère céleste au souffle et aux aspirations de la terre.

L'égoïsme si profondément enraciné en nous,
pivot autour duquel se déroulent nos pensées et
nos affections, mobile de presque toutes nos
actions, nous retient comme rivés à nous-mêmes
et arrête incessamment notre vol, dès que nous
voulons prendre quelque essor généreux; l'é-
goïsme ne se fond qu'aux rayons de l'amour

divin, et l'homme ne s'élève au-dessus de lui-
même qu'en s'appuyant sur Dieu.

Dieu n'absorbe et ne dessèche point l'esprit
et le cœur de l'homme : il ne reçoit nos pensées
et nos sentiments, comme les vapeurs de la
terre, que pour nous les rendre purifiés, con-
densés, en une rosée et une pluie bienfaisantes.
L'amour du prochain découle directement du
cœur de Dieu.

Octavie de Gallery n'avait pas seulement cette
générosité, ce dévouement de l'amitié, qui ne
sont pas toujours exempts d'égoïsme. Son cœur
ne semblait rayonner que du bonheur d'autrui ;
et tout ce qui était souffrant, malheureux, possédait un aimant pour l'attirer et acquérir un
droit à ses sympathies, son dévouement, ses
sacrifices.

La vie religieuse, avec ses nobles aspirations, le dévouement et l'immolation complète
de la Sœur de Charité, sourit toujours à son
cœur ; et elle en eût embrassé avec joie la vocation, sans les devoirs sacrés, que son cœur,
d'accord avec la volonté de Dieu, lui assignait
auprès de ses parents. Âgée de quarante-huit
ans, quand mourut son père, elle aurait encore

suivi cet attrait de toute sa vie, si on ne l'eût
convaincue qu'elle pouvait être plus utile à la
religion et au prochain, dans le monde, que
sous le vêtement religieux.

Sa charité, en fait d'aumônes, ne connaissait
d'autres bornes que celles de ses propres ressources. Pour elle, « ce n'était point avoir le mérite de la charité, que de donner seulement son
superflu ; comme ce n'était point avoir le mérite du bien, que de le faire seulement quand
il ne coûtait rien ».

« Les difficultés, écrivait-elle, qui en résul-
teraient pour moi, ne m'arrêteraient aucune-
ment, si le bien devait se faire quand même. Le
beau mérite de faire le bien sans tracasseries !
C'est comme donner son superflu aux pauvres. »

Les générosités à l'heure de la mort ne lui
paraissaient également mériter aucun titre aux
honneurs de la charité ; pas plus que le voyageur dépouillé par les brigands n'a le mérite
de la générosité.

« Faisons le bien, disait-elle, pendant que
nous en avons le mérite, et ne commandons
point à nos héritiers des sacrifices sans valeur,
pour eux comme pour nous. »

Sa modique fortune imposait bien des sacrifices à la générosité de son cœur; mais sa charité connaissait une ressource qui ne lui faisait jamais défaut. Comme sainte Élisabeth, « ce n'était pas seulement par des présents et avec de l'argent, qu'elle satisfaisait à son amour pour les pauvres du Christ : c'était bien plus par ce dévouement personnel, par ces soins tendres et patients qui sont assurément, aux yeux de Dieu comme à ceux des hommes, la plus sainte et la plus précieuse aumône. »

Jamais aucun pauvre, aucun affligé, n'est sorti d'auprès d'elle sans l'une de ces bonnes paroles qui décuplent le prix de l'aumône et adoucissent la souffrance, comme un baume bienfaisant. « Mlle de Gallery est si généreuse, mais surtout elle sait si bien donner, disaient les uns; elle a le cœur si bon, elle pleure avec nous, disaient les autres; et tous ne la connaissaient que sous le nom de « la bonne demoiselle », qui, dans leur bouche, était synonyme de « bon ange ».

Malgré le bonheur qu'elle trouvait à donner par elle-même, elle faisait volontiers le sacrifice d'une partie de ses aumônes, pour entre-

tenir une religieuse des malades et lui procurer à elle-même les douces satisfactions de la
charité.

Sa générosité s'éleva jusqu'à l'héroïsme,
pour la construction de son église. Sa foi, qui
avait beaucoup souffert de la pauvreté de sa
vieille église, lui avait fait naître depuis longtemps dans le cœur le projet d'un nouveau et
bel édifice, plus digne de la demeure de Dieu.
A peine fut-elle héritière, qu'elle préleva sur
sa fortune déjà si limitée plus de vingt mille
francs, pour en jeter les fondations.

« La sainteté, a-t-elle écrit, consiste à pratiquer les vertus en apparence les plus opposées. » — C'était ce qu'elle pratiquait elle-
même avec un rare mérite. L'humilité savait
trouver place jusque dans ses plus grandes
générosités. En cette occasion, elle voulut dé-
rober au public la plus notable partie de son
offrande, et ne souscrivit publiquement que
pour une somme encore la plus importante,
mais incapable d'humilier, par sa dispropor-
tion, les autres souscriptions également généreuses.

Son cœur avait mille ressources pour faire plaisir, rendre service, procurer le bien. Serviteurs à placer, jeunes gens à marier, vocations religieuses à favoriser, aucune bonne œuvre ne la trouvait indifférente ; et c'était pour tous le même zèle que s'il se fût agi de ses plus chers intérêts. A tous les remercîments, témoignages de reconnaissance, comme à tous les conseils de ne pas s'inquiéter tant pour autrui, elle ne savait que répondre : « Il est si doux de faire plaisir et si bon de se rendre utile. »

A M... où règne encore l'esprit patriarcal, avec la simplicité du bon vieux temps, un certain nombre de femmes demandaient à embrasser leur bienfaitrice ou consolatrice ; Mlle de Gallery les accueillait toujours bien volontiers. « Il m'est si doux, disait-elle, de faire plaisir, quand cela coûte si peu, et de jouir de leur visible satisfaction. »

La fierté, l'abord difficile, les manières hautaines chez certaines personnes la révoltaient :

« Ils ignorent, disait-elle, la plus douce jouissance de la grandeur, celle de répandre un peu de joie et de contentement dans le cœur et sur les visages autour d'eux. »

Cependant ces humbles et aimables condescendances n'enlevaient rien à sa dignité ; elle savait inspirer la confiance, ouvrir les cœurs, dissiper la crainte, sans jamais prêter à la familiarité.

Elle possédait à un haut degré tous les dons de la parfaite maîtresse de maison. Aussi ses serviteurs lui prodiguaient-ils à l'envi, comme on rencontre rarement, l'affection, le dévouement et le respect. Assurément, ils n'étaient pas sans défauts ; mais, tout en les leur reprochant, elle savait rendre justice à leurs bonnes qualités.

Assistons à son mode de petit gouvernement. « J'ai été en l'air tout ce temps, pour une grosse lessive que j'avais entreprise sous l'égide de saint Martin ; et voilà que l'été, sur lequel je comptais, est devenu le pire des hivers. Le froid, la neige et le verglas tombent sur mes pauvres lessiveuses. Que vont-elles devenir??? »

***

« Qu'il est donc difficile de faire vivre en paix des gens qui veulent tous être maîtres, et arranger les choses à leur guise. Je voudrais avoir affaire à des gens raisonnables, comme leur âge le comporte ; mais ce ne sont que des enfants à vieux visages. Pris séparément, ce sont d'excellentes personnes ; et, le tout ensemble, de fort ennuyeux domestiques. »

***

« Mon domestique est sur le flanc depuis lundi ; il a une douleur rhumatismale qui le fait souffrir jour et nuit. Avec cela, il n'a pas la patience en partage, bien que ce soit le seul remède à son mal... Jamais il n'a tant l'amour du travail que lorsqu'il ne peut pas travailler. C'est toujours le besoin du fruit défendu. »

***

« On m'invite continuellement : il faut bien rendre de temps en temps... Ça m'est facile, maintenant que j'ai une cuisinière, qui connaît son affaire.

« Il n'y a que la lenteur de... qui me fasse souffrir. Je me suis presque fâchée ce matin : elle voulait faire à sa tête et moi à la mienne. Il m'a fallu monter sur mes grands chevaux, pour lui prouver qu'elle n'est pas la maîtresse. Ces petites tracasseries domestiques m'ennuient et m'humilient beaucoup ; car elles prouvent que je ne suis guère capable de souffrir. »

*
* *

« Tout mon monde va bien et fait bon ménage. M... a demandé à rester, ce que j'ai accordé. Tout est pour le mieux, et j'en profite ; car je n'aime pas le changement. Je trouve qu'on s'habitue aux défauts des serviteurs, comme ils s'habituent à ceux des maîtres : ce sont des grâces d'état. Mon cordon bleu a l'air de s'acclimater, elle parle de ses projets d'hiver. J'ai eu de la peine à lui faire comprendre que je voulais être seule maîtresse, en tout et toujours. Je lui ai donné deux fortes épreuves,

qu'elle a supportées assez bien ; et maintenant
je me montre assez bonne princesse. »

.·.

« Ma sœur désirerait me voir aller à A...
durant l'invasion. Mais je crois de mon devoir
de ne pas abandonner mes domestiques. Que
feraient-ils sans moi ? Ils perdraient ce qu'ils
n'ont guère... Et si je dois être pillée, j'en
serai témoin. J'ai toujours foi dans la bonne
Providence. Voyez comme tout s'arrange avec
ordre et tranquillité dans cette République, qui
devait être si rouge... Le Seigneur Tout-Puis-
sant fera sentir plus tard sa main miséricor-
dieuse. Plus nous sommes frappés, et plus
j'espère : Justice se fait. »

Il n'était pas jusqu'aux animaux qui eussent
part à sa douceur et à sa bonté. Elle ne pouvait
les voir maltraiter sans en être révoltée.

Elle avait un chien de basse-cour, sauvage
et terrible pour tout le monde, excepté pour
elle, devant qui il ne manquait jamais de s'in-

cliner et de solliciter une caresse. Elle évitait
de passer près de lui, quand elle ne pouvait lui
accorder la caresse accoutumée. — Interrogée
là-dessus : « Pourquoi, répondit-elle, faire de
la peine inutilement à cette pauvre bête ? »

Cette conduite tenait uniquement à la bonté
de son cœur ; car elle ne comprenait pas l'usage,
trop fréquent chez la femme et même chez les
hommes, d'admettre des animaux à l'honneur
d'occuper un rang, je ne dirai pas dans leurs
affections, mais au moins dans leurs caprices et
leurs amusements ; et elle ne pouvait voir, sans
humiliation pour la dignité humaine, l'abus de
ces sortes d'attachements.

« Il n'est permis, disait-elle, qu'à ceux qui
ne connaissent ni l'amour de Dieu, ni l'amitié
humaine, de profaner leurs cœurs par d'aussi
vils attachements. »

Sensible à l'harmonie et à la gentillesse des
oiseaux, elle ne les aimait qu'à l'air libre, sous
le feuillage, à la place que Dieu leur a assignée.

II

Aimant tout en Dieu, son amour s'élevait, s'agrandissait, à mesure que le sujet de ses affections se rapprochait davantage de ce grand centre.

L'amour de la patrie devait naturellement occuper un rang élevé dans son âme noble et grande. Initiée à l'histoire et à toutes les gloires de la France, elle était aussi heureuse et fière de ses triomphes, qu'elle souffrit et fut humiliée de ses revers. Elle ne passait pas un jour sans prier beaucoup pour la France. Nos désastres de 1870-1871 altérèrent notablement sa santé, bien qu'elle n'eût aucune tête chère menacée dans nos hécatombes presque quotidiennes. — Laissons-la elle-même nous faire assister aux terribles angoisses de cette horrible guerre.

« Je sens vivement les inquiétudes de l'heure présente, et j'en suis bien malade depuis plusieurs jours. Il y a tant de tristesses, de quelque côté qu'on se tourne, tant d'inquiétudes pour nos opérations militaires... Pour moi, je

suis pleine de foi, surtout dans la protection
de la Sainte Vierge. La France lui appartient ;
elle ne laissera pas prendre ses États par les
protestants, qui la rejettent du glorieux trône,
d'où elle gouverne le monde. Non, tant de
prières ne s'élèveront pas en vain vers elle et
son divin Fils. Ma conviction est que si nous
attendons longtemps la victoire, c'est que Dieu
veut nous punir. La France est coupable, les
familles sont coupables ; c'est par les anxiétés
de chaque jour, par la prière et l'aumôme mê-
lées au sang de tant de victimes, que l'expiation
doit se faire pour ceux qui ne combattent pas ;
ne dites-vous pas, comme moi, en laissant passer la justice de Dieu : *In te, Domine, speravi,
non confundar in æternum.* Non, non, le Seigneur est le Dieu des armées, et nous ne serons
point confondus, en mettant notre confiance en
lui. Surtout, ne nous lassons point de lever des
mains suppliantes vers lui, tandis que les au -
tres combattent dans les plaines et les forts. »

*
* *

« Où allons-nous et que deviendrons-nous ?
si Dieu nous abandonne. Nous subissons un

terrible châtiment, le plus grand, à mon avis,
qu'un cœur catholique et français puisse souffrir. Il ne nous reste qu'à nous incliner sous
la verge divine. — Mais si Dieu châtie la
France, c'est qu'il l'aime. Il ne nous laissera
pas périr, j'en ai l'intime confiance! Elle est
tombée avec sa mère, elle se relèvera avec elle.
La fille aînée relèvera la tête, quand sa mère
sera libre... Dieu se laissera toucher par tant
de prières... »

*
* *

« C'est si doux et si consolant d'espérer.
Que j'aime à espérer, même contre toute espérance. Je ne dis pas cela pour la circonstance
présente; car, malgré que nous soyons si malades, je ne puis croire que le Bon Dieu nous
abandonne entièrement. — Voilà Monseigneur
qui s'émeut et qui va nous plonger tous dans
le Sacré Cœur du Sauveur. Oh! quelle bonne et
sainte pensée lui est venue! qui osera nous at-
taquer dans cette sûre et douce casemate? Plon-
geons-nous-y bien avant, et restons-y côte à
côte. »

*
* *

« Comme vous, je suis atterrée de l'infamie
de tous ces gros bonnets de l'Empire, qui ven-
dent si facilement leur honneur et celui de la
France. Si, du moins, ces nouveaux Judas nous
débarrassaient à tout jamais de leur présence !
Mais non, ils veulent recevoir le baiser de leur
maître et conspirer avec lui dans l'ombre. —
Est-ce assez d'opprobres? Elles se réunissent
toutes pour écraser cette pauvre Patrie, livrée,
trahie, déshonorée par ses propres enfants. —
J'ai été bien malade depuis la trahison de
Bazaine. Bientôt il n'y aura plus de France!...
Sachons nous résigner aux décrets de la Providence. La verge divine ne cesse de nous fus-
tiger, parce que nous ne cessons d'être mauvais... Mon Dieu, pitié et miséricorde! »

*
* *

« Quel manteau de glace nous tombe sur les
épaules..., la glace est partout, jusque dans les
appartements... Mais j'ai honte de me plaindre,

quand je pense à nos pauvres soldats qui sont, jour et nuit, campés dans les bois ou sous une toile légère. Pauvres enfants d'une mère aux abois ! Est-ce que tant de souffrances et de sacrifices ne relèveront point cette pauvre France ? J'espère et j'attends toujours le salut de la bonne Providence ; car les hommes, les hommes n'ont jamais mieux prouvé qu'ils sont des roseaux fragiles ; et, pour dire toute ma pensée, il n'y a plus d'hommes ! »

* *

« J'ai des nouvelles d'A... Il paraît qu'ils sont encombrés de mobiles. A la nouvelle qui a couru que les Prussiens étaient battus..., ils ont été pris d'une gaieté folle et ont dévasté par réjouissance plusieurs maisons de charcuterie et de cafés. Ces petites histoires, dit mon narrateur, donnent beaucoup d'animation en ville et dérident les visages tristes...

« Quant aux marchands, cela leur produit l'effet contraire ; et moi, je dis que lorsque l'on se comporte ainsi en pays ami, que doit-on attendre des ennemis ? — D'ailleurs ils prou-

vent, par leur conduite en face de l'ennemi,
qu'ils ne sont pas plus braves qu'honnêtes...
Les chroniques s'accordent à dire que les chefs
étaient à la hauteur des soldats. — On ne dira
pas d'eux ce qu'on disait de Bayard : « sans
peur et sans reproche ».

*
* *

« J'ai reçu de nombreux mobiles. Je les
ai traités de mon mieux. Aussi paraissaient-ils
bien contents. — Entre nous soit dit : ce sont
de tristes troupes que ces mobiles..., leur langage est à la hauteur de leur lâcheté : c'est
triste à dire, mais c'est la vérité. Je comprends
qu'ils ne fassent guère peur aux Prussiens.

« Pauvre France, tu as vécu! Tu n'es plus
à la tête des nations dans le chemin de la bra-
voure et de l'honneur! »

*
* *

« Muette sous le poids de nos calamités et
de nos désastres », elle s'inclinait humblement
sous la main si visible de la Providence, con-

fessant sa justice et nos besoins d'expiation.

Toutes nos plaies sociales que l'épreuve fit apparaître dans toute leur profondeur,... loin de diminuer en elle l'amour de la Patrie, arrachaient de ses yeux des larmes amères, comme sur les souffrances d'une mère d'autant plus chère qu'elle est humiliée, et à qui l'on doit plus de compassion et de respect en raison de son délaissement. Le regard fixé sur Dieu et la Sainte Vierge, malgré la profondeur des abîmes où nous étions ensevelis, sa confiance, non pas dans nos armes, mais dans la prière et l'aumône, ne défaillit jamais.

III

Il y avait chez elle beaucoup de l'âme et du zèle de l'apôtre : pour gagner des âmes à Dieu, rien ne lui eût coûté.

« O infinie patience de Dieu pour les pécheurs, a-t-elle écrit, ne devons-nous pas imiter cette patience, travailler avec un zèle infatigable, au prix de notre amour-propre, de notre santé, de notre vie même, s'il était nécessaire, pour le salut des âmes? Combien doit nous être chère une âme rachetée du sang de Jésus-Christ! Heureux les prêtres, quand ils peuvent ramener une âme à Dieu! Qu'ils doivent estimer peu de chose, à ce prix, les sueurs, les fatigues et même les mépris et les outrages! »

La vie pour elle n'était rien, quand il s'agissait des âmes. On admire, avec raison, ces glorieux martyrs de la foi, qui quittent tout, s'exposent à tout, pour courir après les âmes, jusqu'aux extrémités du monde. — Mais le zèle des âmes a aussi des martyrs, dont le sacrifice n'est connu que de Dieu et de ses saints.

Mlle de Gallery a remporté cette palme invisible du martyre de l'apostolat. Une première fois, comme on l'a vu, elle avait offert sa vie pour l'âme de son père; et Dieu se contenta de dix années de souffrance. Une seconde fois, on la verra mettre encore sa vie dans le balance de la justice divine, en regard d'une pauvre âme aveugle jusqu'en face de l'Éternité; et Dieu acceptera son holocauste de la charité parfaite.

Son besoin de dévouement et de générosité ne se bornait pas aux vivants; il s'étendait jusqu'aux morts. Elle avait formé pour les âmes du Purgatoire ce vœu si bien nommé héroïque, qui fait renoncer pour soi en faveur des autres à toutes les indulgences que l'on peut gagner durant sa vie, ou qui nous peuvent être appliquées après la mort. — Interrogée s'il n'y avait point d'imprudence en un pareil vœu : « Assurément oui, répondit-elle, si l'on ne comptait que sur soi-même; mais Dieu peut-il se laisser vaincre en générosité par ses créatures? »

CHAPITRE VI

« Tout cœur humain est insondable. »
(JÉRÉMIE, XVII, 9.)

Le cœur de la femme a cependant un point
central, d'où, chez elle, tout rayonne ; une
source d'où jaillissent tous ses sentiments,
c'est l'amour, la soif du dévouement. — La
femme est née pour aimer et se dévouer. —
L'égoïsme et la vanité, qui trop souvent pré-
sident à son éducation, ne peuvent entièrement déraciner ce besoin que Dieu a attaché
à son cœur. Cette petite idole encensée par
sa famille, par la société, et plus encore par
elle-même, à peine a-t-elle ouvert son cœur à
l'affection et enfanté dans la douleur, qu'on

la voit, elle naguère si susceptible, si délicate,
si amie de ses aises, s'immoler sur l'autel du
devoir, accepter l'obéissance et élever son
courage jusqu'à l'héroïsme. La vertu humaine
peut aller jusque-là; car il s'agit d'une de ces
grandes lois de la nature auxquelles tout être
créé est soumis. Que sera-ce donc, lorsqu'une
vertu surnaturelle viendra s'ajouter aux sentiments naturels? « L'époux et les enfants de
la femme chrétienne se lèveront aux portes
de la ville, pour chanter ses louanges et pro-
clamer ses vertus. » (Prov., XXXI.)

Si Dieu appelle à lui-même une âme, pour
en faire son épouse, loin d'étouffer en elle
les nobles sentiments de la nature, il les purifie, les agrandit, les surnaturalise : le dévouement de la vierge chrétienne, au lieu
d'être concentré sur une famille, se répand,
rayonne de tous côtés, et, comme l'amour
divin, embrasse en quelque sorte l'univers. La
vierge chrétienne est là partout où existe une
misère, où l'on réclame un sacrifice, où il est
besoin de générosité; dans les hôpitaux, au
chevet des mourants, sur les champs de bataille, dans les missions lointaines, partout

on rencontre la vierge chrétienne ; les écoles, les salles d'asile sont peuplées de vierges chrétiennes ; et dans les villes, dans les campagnes, à qui l'indigent s'adresse-t-il de préférence, pour exposer ses besoins et tendre la main ? Aux vierges chrétiennes.

Il y a, dans le cœur de toute femme, quelque chose de maternel. Si une famille n'absorbe point son besoin d'amour et de dévouement, s'il n'est point étouffé par l'égoïsme et dissipé par la vanité, naturellement il se répand dans le sein des pauvres, et mêle une sorte de tendresse dans l'amour du prochain.

La mission de la femme dans le monde est toute de dévouement. Mais pour demeurer à la hauteur de sa mission, la femme plus encore que l'homme, a besoin de tenir son cœur près de celui de Dieu, source de tout amour et de tout dévouement. Toute femme qui ne s'élève pas au-dessus d'elle-même, pour respirer dans une atmosphère supérieure à la terre, toute femme qui ne porte pas sur le front un rayon de sainteté, descend volontairement du piédestal d'honneur où Dieu l'a placée dans la société chrétienne.

En dehors du cercle fort restreint de l'amitié vraie et intime, existe une classe d'amis plus nombreuse, amis de parenté, amis de table, de conversation et de visites. — Au delà et autour de ceux-là rayonne encore la multitude des étrangers, des indifférents, et même des ennuyeux et des importuns, tous hôtes et témoins de notre vie, juges et critiques inévitables de nos actions et jusque de nos pensées.

Tel est le petit monde, qui prend part à notre existence, au milieu duquel se meut notre activité.

La société, dont nous devons accepter, du moment que nous en faisons partie, avec les agréments et les distractions, les obligations et les exigences parfois onéreuses et tyranniques ; la société nous impose envers tous des devoirs nombreux, non seulement de politesse extérieure, mais de bienveillance et de charité chrétienne. Les personnes pieuses, pour qui le monde est un juge toujours sévère, souvent injuste, ont moins le droit que tout autre de s'y soustraire. Ces devoirs, comme ceux de l'amitié, exigent du dévouement et une grande abnégation de soi-même.

Amie parfaite, Mlle de Gallery était non
moins remarquable femme de société. Jeune,
elle était recherchée par les personnes âgées
pour son esprit toujours si plein de tact, de
déférence et de respect. Plus tard, arrivée
elle-même presque à la vieillesse, elle était
particulièrement sympathique à la jeunesse
qu'elle charmait par la gaieté, la vie, la va-
riété de sa conversation.

Chez elle surtout, où l'autorité de maîtresse
de maison lui donnait la direction de la conversation, elle savait, avec un art infini, en-
gager à tour de rôle tous les sujets les plus
propres à intéresser, à flatter chacun de ses
hôtes; maintenir à la hauteur de la conversation générale les plus petits intérêts person-
nels; attirer sur chacun l'attention et l'appro
bation de tous; mettre en relief les personnes
même les plus vulgaires, leur faire jouer leur
rôle à côté des plus importants et des plus
écoutés.

Partout, ennemie des entretiens particuliers,
des tête-à-tête isolés, des accaparements af-
fectés, où la vanité des uns souffre et celle des
autres s'exalte; — dans la conversation, rien

de brusque, de heurté, ni de silences de tran-
sition, de condescendances affectées; mais
toujours naturelle, gracieuse, se faisant tout
à tous, plus encore de cœur que d'esprit; —
jamais de contradictions, de débats d'opinions : « L'expérience que j'ai, disait-elle,
que la discussion ne convainc personne et
blesse seulement l'amour-propre, me fait éviter
tout ce qui heurte de front les opinions des
autres. Il est si facile de garder le silence,
quand on ne peut approuver. »

La charité, comme une sentinelle vigilante,
placée sur les lèvres, selon l'expression du
roi-prophète (ps. 140), présidait à toutes ses
paroles : jamais rien de blessant, ni pour les
présents ni pour les absents. Sans affectation,
mais avec une délicatesse, dont la charité chrétienne a seule le secret, elle savait arrêter
souvent à point et détourner la conversation
qui s'aventurait sur un terrain glissant et menaçait de s'aigrir et d'amener quelques froissements. Avant qu'aucun amour-propre ne
fût engagé, un trait d'esprit, un à-propos inat-
tendu attiraient l'attention d'un autre côté et
emportaient au loin le sujet dangereux. Chacun

alors respirait à l'aise, et le coupable ou l'imprudent se sentait le plus souvent heureux d'avoir échappé, sans humiliation, à une parole téméraire.

« Hier, écrivait-elle, j'étais en représentation avec le préfet et le général de N... Ces messieurs ont voulu faire de la science en dinant, et ils n'ont fait que de l'ennui, ne pouvant s'entendre. Après le diner, ils se sont isolés des dames, pour fumer, puis se sont isolés les uns des autres, ne s'entendant pas davantage. Enfin chacun rentre au salon. La maîtresse de maison, qui s'était épuisée pendant le diner, ne trouvait plus rien à dire. M. J. qui cause si bien ordinairement, était devenu muet. M. C. qui avait mal à la tête, gesticulait plus qu'il ne parlait... Mme J... et moi, nous nous regardions en souriant. Le préfet était pour tous une tête de Méduse. Le voilà qui entame une histoire arrivée dans une des sous-préfectures, qui lui avaient servi de marchepied pour arriver à N...; mais cette histoire était si extraordinaire et si incroyable qu'elle avait l'air d'un conte des *Mille et une Nuits*. Elle me causa une exclamation qui

amusa tout le monde. Le conteur, d'abord un
peu déconcerté, profita de la planche de salut
que je lui tendais et chacun se mit à causer et
rire jusqu'à la fin de la soirée. J'eus, sans
m'en douter, les honneurs de la réunion, parce
que j'avais fait des frais et que les autres n'en
avaient pas voulu faire. Le préfet ne me plai-
sait pas plus qu'à eux assurément; j'ai donc
eu double mérite. Croyez bien que je n'attache aucune importance à ces petits succès,
qu'autant que la gloire de Dieu y est intéressée. Je regarde, comme un devoir, quand on
est pieux, ou du moins quand on passe pour
l'être, de faire des frais dans le monde, pour
lui montrer que la piété n'exclut ni la gaieté
ni l'amabilité. »

L'accomplissement consciencieux des devoirs réels de la société requiert une vertu
remarquable, en ce qui touche particulièrement la conversation. Écoutons là-dessus l'a-
pôtre saint Jacques. « Celui, dit-il, qui ne
commet aucune faute de la langue, est un
homme parfait; semblable au cocher qui a les
rênes en mains, il se dirige non seulement
lui-même, mais encore les autres au gré de

sa volonté. La science de la conversation est incompatible avec la jalousie et l'esprit d'aigreur et de contention... Elle vient d'en haut et est pure, pacifique, persuasive, condescendante en tout ce qui est bien, pleine de miséricorde et de bonnes œuvres, ennemie des jugements téméraires, et de la dissimulation; elle sème dans la paix et produit la paix. » (Jac., III.)

Rien ne saurait mieux peindre le langage charitable et intelligent de Mlle de Gallery.

Elle pratiquait excellemment le conseil du pieux Fénelon : « Marchons dans la simplicité du cœur, avec la paix et la joie qui sont les fruits du Saint-Esprit. Qui marche en la présence de Dieu dans les choses les plus indifférentes, ne cesse point de faire l'œuvre de Dieu, quoiqu'il ne paraisse rien faire de solide et de sérieux... Des manières plus sèches, plus réservées, moins complaisantes et moins ouvertes, ne serviraient qu'à donner une fausse idée de la piété aux gens du monde, qui ne sont déjà que trop indisposés contre elle. »

La fréquentation du monde fut toujours pour Mlle de Gallery l'exercice de la charité et

du dévouement. Jeune, elle était requise
par presque toutes les maîtresses de maison,
pour les aider à faire les honneurs de leur
société; elle prodiguait jusqu'à l'épuisement
sa belle et puissante voix, elle ne comptait
pour rien les fatigues de toutes sortes, quand
il s'agissait de se rendre utile et agréable.
Plus tard, son amabilité continua de s'étendre
sur tous, mais à l'égard surtout des délaissés
et des enfants.

Aimée et recherchée par tous, sans le moindre retour sur elle-même, elle était reconnaissante et affectueuse envers tous, comme si elle
eût tout dû à leur bienveillance. La jalousie,
le vice des âmes faibles, n'atteignit jamais
jusqu'à son cœur.

« Je n'ai jamais bien compris la jalousie,
écrivait-elle avec cette belle naïveté des âmes
droites et pures. La supériorité des autres ne
m'humilie point; et, si je serais flattée quelquefois de leur ressembler, ce n'est point par
envie, mais bien pour ce que je vois de louable
et de souhaitable en elles. »

La susceptibilité n'était pas davantage connue d'elle : « Soyez bon et indulgent, jamais

susceptible, écrivait-elle ; il n'y a que les petits esprits à l'être. Examinez-vous bien là-dessus, et vous verrez que la source n'en est pas
pure, car la susceptibilité vient de l'amour
propre qui nous fait croire que tout nous
est dù. »

Son âme si droite et si honnête ne soupçonnait point le mal. Dès qu'une chose admettait
une interprétation favorable, on ne la vit
jamais l'envisager et la juger sous un autre
rapport.

Élevée dans les principes de la modestie
chrétienne, elle était bien parfois scandalisée
des extravagances et de l'immodestie in-
troduites par une mode coupable, trop facilement acceptée chez des familles honnêtes ;
mais, tout en condamnant l'abus, elle savait
trouver pour les personnes des excuses pleines
de charité.

Ce dévouement, cette abnégation, cette inaltérable sérénité de Mlle de Gallery tenaient
plus encore à sa vertu qu'à son caractère naturellement bon et affable. On la voit se faire
un reproche de conscience « d'être portée
au silence, quand la société était peu intelli-

gente et lui paraissait mériter peu de frais
d'esprit : elle s'engage à prendre davantage
sur elle dans l'avenir, pour qu'on ne puisse
soupçonner du mépris ou de l'indifférence, ce
qui n'est jamais permis à un cœur chrétien ».

*
**

« Depuis que je me suis donnée davantage
à la piété, dit-elle, je me suis fait un devoir de
faire plus d'efforts pour plaire. On est plus
sévère à l'égard des personnes pieuses ; elles
doivent s'efforcer de faire paraître la vertu aimable. »

*
**

« Réconcilier bien des gens avec la piété,
leur prouver que, loin d'être triste et ennuyeuse,
elle possède au contraire une paix, une joie
qui, de l'âme rayonne sur tout l'extérieur : c'est
là une mission qui n'est pas assez comprise,
et qui cependant devrait entrer en première
ligne dans la vie de la femme chrétienne. »

*
* *

Quand il s'agissait de faire plaisir, rien ne lui coûtait, même ce qui était le moins dans ses goûts. Se faire toute à tous, en fait de choses permises et même indifférentes : telle était sa constante devise.

*
* *

« Vous ne savez ce que je suis devenue, et vous ne pouvez deviner ce qui m'a empêchée de vous écrire, si je ne vous le dis... Je crains de vous scandaliser... En carême, j'ai fait, — vous avez la foi forte, n'est-ce pas? — eh bien! j'ai, de mes mains, fait un costume grec, pour en vêtir un Télémaque de circonstance. Pendant dix jours, j'ai travaillé, ainsi que Mme L., comme une véritable ouvrière : au reste, nous avons été amplement dédommagées par le succès. M. L. était si beau sous sa tunique blanche bordée d'or, sous le manteau pourpre et or, et son casque brillant, qu'on croyait qu'il avait tout fait venir de Paris. La pièce s'est jouée en société. »

*
* *

« Je me suis laissée gagner... j'ai été au bal, allez-vous le croire? C'est la vérité cependant. La sœur de Mme Z., à l'occasion de..., a donné un bal. Pour ne retenir personne à la maison, j'y ai été et je me suis même amusée... C'était un panorama pour moi, que toutes ces figures inconnues qui passaient sous mes yeux; j'épiais leurs faits et gestes, la minauderie, la coquetterie, l'originalité des uns et des autres : cela me faisait rire, mais pas assez pour recommencer le lendemain. »

*
* *

« J'ai été empêchée d'écrire par un mien cousin, qui m'est arrivé à l'improviste, et qu'il a fallu promener de tous côtés... Heureusement que Dieu lit au fond des cœurs et qu'il voit dans le mien que j'aimerais bien mieux passer à ses pieds les heures que je passe à amuser et distraire ce grand jeune homme. Voilà quinze jours que je passe dans le frou-

frou. Combien cela me fait goûter davantage la paix de ma solitude ! »

*
* *

« Je commence à être bien saturée du monde... Je n'ai pas le temps de vivre. Les visites, les dîners se succèdent : on est à peine reposé d'une représentation, qu'il faut faire face à une autre. C'est fatigant cette vie de brouhaha. Je suis pourtant entourée de personnes aimables et gracieuses; mais l'amabilité est un effet de l'esprit et non du cœur; rien ne parle à l'âme. »

Mlle de Gallery n'était pas insensible à la bonne et aimable société, aux distractions de l'esprit, à la cordialité des réceptions; mais sans passion, ni trouble et agitation, avec autant de complaisance que de goût : « usant du monde, selon le précepte de l'apôtre, comme n'en usant pas », prenant part à ses divertissements, mais toujours en femme chrétienne et pieuse.

Entendons-la elle-même apprécier le monde :

« Que le monde dédommage peu des sacrifices qu'il impose ! »

« Les joies qu'on s'y promet surpassent celles qu'on y ressent. Ce qui nous y plaît un jour, cause de l'ennui le lendemain. »

* *
*

« Oh ! que c'est heureux pour tous que nous n'ayons pas un lorgnon qui nous fasse lire dans le fond des esprits et des cœurs ! »

* *
*

« Tout est déception sur la terre. Plus j'avance dans la vie, plus j'en fais l'expérience. Les choses que l'on désire vivement, les personnes sur lesquelles on compte le plus, sont celles qui sont les premières à nous manquer.

« Ainsi qu'un papillon léger, qu'on tient entre ses doigts, on croit toucher le bonheur ; mais vah ! il nous échappe, ne nous laissant que l'empreinte de sa brillante poussière. C'est l'image de tout plaisir que ce brillant et volage papillon ! »

*
* *

« Quelle comédie que cette belle société. Comme chacun se regarde et s'observe, veut briller plus que son voisin, cherche à s'élever à ses dépens. Le bout de l'oreille perce à chaque instant; et qu'on aperçoit de petitesses d'orgueil ! »

*
* *

« J'ai besoin de rafraîchir et de reposer ma pensée au milieu de tout ce beau monde, qui m'entoure, monde d'élite par les façons et les belles manières, mais monde qui sent la vanité et le mensonge. Eh bien! j'avoue que je suis lasse de ce tourbillon qui m'emporte, au milieu de cette servitude qui envahit vos jours et vos nuits. Aussi vois-je arriver le carême avec plaisir; ce sera pour moi le repos de l'âme et du corps. Croiriez-vous qu'il y a huit jours que je n'ai pu m'approcher de la céleste manne, qui nourrit et fortifie? Nul ne peut servir deux maîtres : ce n'est pas le monde qui mérite la préférence. »

*
* *

« Pour satisfaire aux exigences du monde, j'ai omis plusieurs fois ma méditation depuis le commencement de janvier. Je m'en suis expliquée avec mon saint Père ce matin. Quand j'ai eu déroulé le chapitre des actions et qu'il a fallu arriver aux omissions, j'ai dit ce que je ne faisais pas depuis que nous avancions dans le mois de janvier, et pour cause... que j'en étais très privée, mais que le bon Dieu étant moins exigeant que les hommes, je le priais d'agréer mon sacrifice; car c'en est un véritable pour moi de ne pas faire ma méditation... Oh! n'est-il pas vrai qu'il est bien plus doux de converser avec Dieu qu'avec les hommes, quelque bons qu'ils soient! — Le bon Père, par habitude, je crois, a abondé dans mon sens, et m'a conseillé d'y suppléer par des oraisons jaculatoires. »

Le monde ne se doutait guère des sacrifices qu'il lui imposait parfois : son visage toujours radieux trahissait peu les impressions de son âme. Entendons-la faire le portrait d'une de ses meilleures amies; et nous la retrouverons elle-même sous le même masque toujours gracieux et souriant.

« J'ai trouvé ma pauvre amie dans un triste état de santé, presque toujours couchée et aussi malade d'esprit que de corps. Comme on se trompe, quand on juge sur les apparences! Mme R. a une belle fortune, une position et une considération qui ne laissent rien à désirer. Chacun dit : Si cette femme avait la santé, ce serait la plus heureuse du monde. Eh bien, je n'en connais pas de plus malheureuse. Elle ne fait que pleurer toutes ses larmes chaque fois qu'elle s'épanche avec moi. Voyez-la dans le monde, quel masque gracieux et souriant revêt son visage! »

La piété n'était pas seulement pour Mlle de Gallery un vêtement extérieur de vertus humaines, mais un sentiment profond, dont la source résidait dans le cœur et jaillissait de là non en jets soudains et interrompus, mais sans cesse, naturellement et sans efforts, pénétrant toutes les puissances et les facultés de son âme, et s'épanchant au dehors sur tous les sens extérieurs.

Partout, elle portait, au milieu du monde comme à l'église, son âme doucement épanouie devant Dieu, et cette belle modestie chrétienne « qui est la bonne odeur de Jésus-Christ » répandue sur toute sa personne.

Aussi le monde n'était-il pas capable de la distraire de Dieu et de nuire à sa piété. Il semblait même que l'attrait de la dévotion se fît sentir à elle plus vivement, en raison des sacrifices religieux qu'elle faisait au monde.

« C'est au milieu des frivolités, dit-elle, que je ressens le plus le besoin d'être sérieuse. »

*
* *

« Après les soirées mondaines, j'ai toujours eu le besoin de lectures sérieuses; et quelle que fût l'heure, je ne me suis jamais endormie, sans y avoir donné un temps assez long. »

*
* *

Les fêtes mondaines attiraient son esprit et son cœur au pied des tabernacles,

« Hier, c'était l'arrivée de l'empereur de
Russie avec deux de ses fils. Quelle pompe!
Quels honneurs! On n'en rend pas tant au Roi
du Ciel... Il est vrai que les hommes ont
besoin de prestige, ne pouvant rien par eux-
mêmes. Mais quand on voit les églises si
vides, et les rues si pleines, le cœur chrétien souffre et soupire de ce délaissement.
Que ne puis-je aimer Dieu pour tous ces indifférents! »

*
* *

« Quand j'ai été dans le monde un ou deux
jours de suite, je retrouve ma vie réglée et
solitaire avec plaisir. Ce n'est pas que cela
me gêne de m'occuper des autres; mais c'est
presque toujours aux dépens de mes exercices
de piété et de mon sommeil que j'exerce
l'hospitalité. C'est le revers de la médaille;
et, chose qui n'est peut-être pas ordinaire,
c'est, quand je suis privée de mes exercices
de piété que je sens ma dévotion plus sensible. Depuis quelques semaines, je sens une
douceur dans la piété, qui me présage quelque

orage ou quelque sacrifice qui m'est réservé. N'est-ce pas ainsi que Dieu nous prépare aux croix ? »

N'allons pas croire que Mlle de Gallery fût tout entière à la société et à la vie mondaine. Nous venons de voir que ses devoirs religieux et ses pratiques de dévotion avaient peu à souffrir, et que c'était même au milieu des frivolités « qu'elle ressentait le plus le besoin d'être sérieuse et que le monde lui faisait goûter davantage et lui rendait plus sensibles la prière et la retraite ».

***

Par la supériorité de son intelligence, Mlle de Gallery pouvait briller dans tous les genres d'études ; mais elle n'estimait pour elle, comme pour toutes les femmes, que l'intelligence du cœur. Les soins exclusifs de la littérature et de la science qu'elle aimait à rencontrer et à honorer chez l'homme, lui semblaient incompatibles avec la modestie et les devoirs domestiques de la femme.

« Tout le génie de la femme, disait-elle, est dans son cœur. »

Le travail manuel n'avait pour elle qu'un attrait fort secondaire et uniquement de raison; mais c'était à ses yeux et dans ses principes d'éducation un impérieux devoir.

La messe, la communion presque quotidienne, sa méditation, la prière, l'office de la Sainte Vierge, la vie des saints, quelques lectures pieuses prenaient ses meilleures heures; puis sa nombreuse correspondance, ses longues épîtres, quelques études littéraires, le journal, ses réceptions et visites lui laissaient peu de temps libre. Elle savait s'en réserver toutefois suffisamment pour son exacte surveillance de maîtresse de maison, et quelques petits travaux du jardin ou de l'intérieur.

Le désœuvrement ne trouvait jamais place dans sa vie.

Entendons-la elle-même à ce sujet :

« Je me suis livrée toute la journée à la charge de maîtresse de maison, me souvenant d'un sage conseil d'éducation : — Avant d'être une femme aimable, il faut être une femme utile. — A ces devoirs de femme, comme à tout devoir plus sérieux, sont atta-

chées des jouissances que vous ne soupçon-
nez pas. L'ordre intérieur ne regarde pas les
hommes ; des vertus plus mâles leur sont
réservées. »

*
* *

« Si vous aviez la longue vue, vous auriez été bien émerveillé aujourd'hui. Mme Tranquille, comme vous dites souvent, avait chassé
son naturel ; elle allait de la cave au grenier,
de la cour aux étables, aux écuries, au bûcher,
aux champs, elle faisait une revue générale,
pour voir si tout était en ordre. L'inspection
n'ayant pas été satisfaisante sur tous les points,
il a fallu réparer, nettoyer, ranger, et, pour
tout cela, payer de sa personne. Certainement,
vous ne m'auriez pas reconnue, en voyant
mon activité et ma promptitude ! Je pensai à
vous plusieurs fois, en me voyant dégouttante
de sueurs. Pauvre dame Tranquille, me di-
sais-je en souriant, si cela continue, vous
mériterez le nom de Lady Active. Mais je suis
rendue... »

*
* *

« J'ai deux lessives sur les bras, pour lesquelles il faut que je paie de ma personne, aussi bien que de ma bourse. V... est toujours dolente, N... pis encore; le travail a l'air de tant leur coûter. C'est sans doute bien triste de servir et d'être toujours dans la dépendance; mais, assurément, la dépendance n'est pas toujours du côté qui sert; elle est bien plus souvent du côté des maîtres. Oh! que je suis agacée parfois de les voir faire leur besogne, comme en dormant : on dirait vraiment que je suis dans la demeure de la Belle au Bois Dormant. »

*
* *

« Quand j'ai prié et écrit jusqu'à une heure, j'ai besoin de me reposer l'esprit après dîner. Vient alors le travail du corps, où, dans un instant, je perle de sueurs; mais, comme je sens que cela me fait du bien, je travaille ainsi une heure durant. »

*
* *

« J'ai fait un drôle de métier aujourd'hui;
j'en riais dans mes barbes. Figurez-vous :
V., X., B., tous trois à quatre pieds, pour cirer
et brosser chambres, corridors, etc., et moi, per-
chée sur deux brosses, leur montrant du pied
ce qu'ils omettaient de frotter. J'avais l'air d'un
fétiche indien; mais comme l'air ne fait rien à
la chose, je suis parvenue ainsi à faire quelque chose de propre. »

*
* *

« Mes exercices de piété et ma correspondance absorbent ma matinée jusqu'à une
heure... la soirée est consacrée aux devoirs de
société et au travail manuel : cela me repose
l'esprit et le corps. A cinq heures, le journal,
l'office, la visite au Saint-Sacrement me mènent
jusqu'à l'heure du souper. »

*
* *

« J'ai passé une partie de la journée sur
les jambes; mes pieds qui traînaient mes sa-

bots avec mon poids, ont la fièvre et demandent grâce; mes bras qui ont été en l'air. pour étendre, ne veulent plus se porter ; je suis exténuée. mais j'ai la satisfaction d'avoir mon linge plié et prêt à remettre d'où il était sorti : c'est une compensation à mes fatigues. »

CHAPITRE VII

PIÉTÉ, ESPRIT DE FOI, PAIX ET CALME DE L'AME.

I. — PIÉTÉ.

« La voix du juste est droite. » (Isaïe, xxvi, 7.)

Mlle de Gallery, si vraie, si simple, si ouverte dans l'amitié humaine et les rapports de la société, conservait la même simplicité, la même droiture, aux pieds de Dieu et dans tous les actes religieux : toujours et partout, « elle portait son âme entre ses mains », selon l'expression du Psalmiste (cxviii).

« La pratique de la parfaite simplicité suppose une grande force de caractère, une tranquille possession de soi-même et une lutte persévérante de la volonté, comme aussi la science vraie de la piété chrétienne. » (Mgr Landriot.)

Mlle de Gallery avait horreur de tout ce qui

sentait la singularité, la bizarrerie en dévotion, comme dans les pratiques ordinaires de la vie.

« Est-ce que Dieu, la vérité même, disait-elle, peut se complaire dans une affectation qui répugne aux hommes, si souvent dissimulés et ennemis de la vérité. »

A l'église, dans la préparation surtout à la sainte communion, et dans la visite au Saint Sacrement, elle tenait habituellement les yeux fixés sur la porte du tabernacle, d'où ils s'élevaient doucement vers le ciel. La tendresse de son regard, le rayonnement de son visage traduisaient assez l'amour et les sentiments de son âme ; mais jamais un pli de ses traits, un souffle de sa bouche, un mouvement de son corps, qui pussent distraire l'attention, attirer les yeux.

L'évêque de Belley, faisant l'éloge de son saint ami, François de Sales, affirme de lui « que pendant quatorze ans qu'il l'a étudié et a remarqué ses actions, jusqu'à ses moindres gestes, ses paroles et enseignements, jamais il n'a rien perçu en lui, qui ressentît tant soi peu la singularité ».

Quiconque a connu de près Mlle de Gallery, peut rendre d'elle le même témoignage.

« Tout est intelligence, tout est raison dans
la vie vraiment chrétienne, » dit Bossuet. —
Dans la piété de Mme de Gallery, c'était là le caractère qui frappait le plus ceux qui la connaissaient intimement. Était-ce sa droiture naturelle, sa haute raison en toute chose, qui la
dirigeaient dans sa dévotion ; ou bien était-ce
l'intelligence de sa vie si profondément chrétienne qui rejaillissait sur sa vie commune ?
Nous ne voulons pas nier que la piété reçoive
quelque chose des vertus naturelles ; mais assurément les vertus naturelles n'empruntent pas
moins aux communications divines dans l'âme
pieuse.

« J'ai vu chez mon père, raconte M. de Tocqueville, ce que je n'ai vu jusqu'ici qu'en lui, la
religion présente et entière dans les moindres
actions de sa vie et à chaque minute, se mêlant,
sans jamais chercher à se montrer, à toutes les
pensées, à tous les sentiments et à tous les actes. » — Ce qu'a remarqué M. de Tocqueville
chez son père, existe chez toute personne qui a
compris et pratiqué le vrai esprit du christianisme. Mais nous avouons à notre tour n'avoir
jamais senti l'impression et subi l'influence

de la vie chrétienne sur les actes ordinaires de la vie, comme chez Mlle de Gallery.

La religion « embrassait sa vie tout entière avec force et répandait sur elle son esprit de douceur et de suavité. » (Sag., VIII, 1.) — « Une grande élévation dans l'âme, une splendeur divine dans le cœur et une ineffable simplicité dans les formes... (Saint Grégoire de Naziance.) » : telle était la vie de Mlle de Gallery devant Dieu et devant les hommes.

Saint François de Sales recommande aux âmes pieuses « de vivre généreusement, noblement, courtoisement et avec un cœur royal, égal et raisonnable ». (*Vie dévote.*) A l'égard de Dieu, comme des hommes, Mlle de Gallery voulait à la piété « une noble et aimable physionomie ».

L'œil toujours fixé sur Dieu, elle se serait fait un crime de tout ce qui n'eût pas été conforme à sa sainte volonté. « Ah ! s'écriait-elle, si je savais que Dieu fût offensé, ou même contrarié de ce qui fait sur la terre mes plus douces jouissances, il me semble que je n'hésiterais pas un instant à lui en faire le sacrifice. Est-il une douceur pareille à celle du bon plaisir de Dieu ? »

Mais dès que sa raison naturelle, si droite, et éclairée par la foi, ne découvrait aucun mal, elle avait coutume d'agir en toutes choses « rondement et sans scrupules, comme un enfant qui se divertit, joue et folâtre même quelquefois sous les yeux de son père ».

En présence de toutes ces belles et nobles qualités, où les dons de la grâce n'apparaissaient pas moins que ceux de la nature, le monde était forcé de rendre hommage à la puissance et aux charmes des vertus chrétiennes! « A la bonne heure la dévotion de Mlle de Gallery, » était-on accoutumé à entendre répéter de toutes parts.

Mlle de Gallery mérita en effet le bel éloge que saint Augustin fait de sa mère. « Tous ceux de qui elle était connue, vous louaient, ô mon Dieu, vous chérissaient en elle, parce qu'ils sentaient votre présence dans son cœur, attestée par les fruits de sa sainte vie. » (*Confes.*, liv. IX, ch. IX.)

II. — ESPRIT DE FOI.

« Marche en ma présence et sois parfait, » dit Dieu à Abraham.

Telle est l'unique voie de la perfection : tenir le regard fixé sur Dieu, qui nous précède et nous dirige toujours, voilé sous le nuage mystérieux de la foi, dont celui du désert n'était qu'une figure.

« Le juste vit de la foi » (Rom., i, 17); non seulement il croit à la révélation et à l'enseignement de l'Église, mais il voit Dieu en toutes choses, et tient devant lui son âme entre ses mains, comme un encensoir rempli de parfums.

La foi et surtout l'esprit de foi appartient bien plus au cœur qu'à l'esprit. « Dieu, dit Pascal, a voulu que les vérités de la foi entrassent du cœur dans l'esprit (c'est-à-dire le contraire des vérités naturelles) et non pas de l'esprit dans le cœur, pour humilier cette superbe puissance du raisonnement... et pour guérir cette volonté infirme qui est toute corrompue par d'indignes attachements. »

Dieu est partout, puisque « tout a été fait par lui, et que rien n'existe sans lui » (Jean, i, 3); mais il est particulièrement dans notre esprit et notre cœur « dont il est la lumière et la vie » (*ibid.*, 4). Pour le voir il faut que l'esprit et le cœur soient purs : « il ne tarde pas d'ouvrir sa porte à ceux qui y viennent frapper avec des pensées pures et un cœur chaste ». (Saint Hippolyte.) Quand l'œil est pur, tout est clarté pour lui; s'il est obscurci, tout lui devient ténèbres. Dieu a beau briller dans les ténèbres, les ténèbres ne le comprennent point. » (Saint Jean, i, 5.) Mais, quand nous élevons vers Dieu l'œil pur et chaste de notre âme, « Dieu, comme il fit pour saint Augustin, attire notre tête vers lui et clôt nos yeux, pour qu'ils ne voient plus la vanité, il nous fait reposer de nous-mêmes et de toutes les créatures; et bientôt, nous nous réveillons en lui et nous le voyons infini, sans que cette vue doive rien à l'œil charnel ». (Saint Augustin.) — Abaissant nos regards sur la création, nous voyons « que tout vit, se meut et respire en lui ». (Act., xvii.) La création nous apparaît « un hymne permanent en son honneur; les esprits, par leur propre bouche, les êtres animés et les êtres corporels par la bouche de ceux qui les contemplent, publient ses louanges; notre âme se réveille de ses langueurs, elle se soulève vers Dieu, en s'appuyant sur ses œuvres, pour arriver jusqu'à lui, artisan de tant de merveilles; et elle trouve sa vraie nourriture, sa véritable force ». (Saint Augustin.) Tout ce monde physique nous devient comme un livre, où partout nous lisons, admirons, adorons le nom de Dieu.

Mlle de Gallery avait le secret de ce sentiment si profondément chrétien, qui voit Dieu en tout, et a été si admirablement rendu par saint Augustin et Fénelon.

Voici ce qu'elle écrivait d'un Recueil de Théologie mystique sur ce sujet :

« Il fait mes délices ce petit Recueil; je le lis et relis toujours avec un nouvel intérêt. Comme il apprend à nous connaître et à suivre la voie qui mène à Dieu! Jusque-là, je n'avais que l'idée confuse, que l'instinct pour ainsi dire, des merveilles que Dieu opère en nous et pour nous. Oh! comme je me sens portée à lui adresser cette prière de saint Augustin : Faites que je vous connaisse et que je me connaisse, ô mon Dieu! — C'est la clef de toute science et surtout celle de l'amour de Dieu! »

Elle découvrait partout, jusque dans le moindre atome, cette grande main qui porte le ciel et la terre, et semble se jouer, en gouvernant le monde. Son regard perçant ce qui frappe les sens, contemplait au delà Dieu invisible, de qui tout reçoit l'être, le mouvement et la vie, donnant : « aux astres la lumière, aux fontaines leurs eaux et leurs cours, à la terre ses plantes, aux fruits leur saveur, aux fleurs leurs parfums, à toute la nature sa richesse et sa beauté, aux hommes la santé, la raison, la vertu ». (Fénelon.)

Elle aimait les fleurs qui parlaient à son âme beaucoup plus encore qu'à ses yeux; elle souriait moins à leur beauté visible qu'à cette beauté invisible, dont il lui semblait contempler un pâle rayon.

« Il me semble, disait-elle, que chaque fleur me parle de Dieu; je me trompe, c'est mon cœur qui leur parle et leur dit : Je vous aime parce que vous venez de Dieu. »

Mlle de Gallery était vraiment artiste et
avait le goût de tout ce qui est beau. Les beautés, les harmonies de la nature la ravissaient
quelquefois en ces douces extases de l'esprit
et du cœur, où les sens paraissent avoir trans-
mis toutes leurs émotions à l'âme et semble-
raient eux-mêmes immobiles, si le rayonnement du regard, les larmes mêmes ne
témoignaient de leur sensibilité. C'est cette
impression assez habituelle chez elle, qu'elle
dépeignait si bien : « Il y a des choses qui se
sentent tellement, qu'on ne peut les exprimer.
C'est? comme quand le cœur bat trop vite, on
ne peut parler. »

Tout en rendant justice aux chefs-d'œuvre
de l'homme, elle ne les goûtait point avec cette
profonde sensibilité qu'elle ressentait en face
des beautés de la nature. Son âme avait besoin
de Dieu en tout et partout; son cœur se resser-
rait où Dieu était absent et où n'apparaissaient
que la vanité et le néant des choses de la terre.

L'absence de tabernacle sur l'autel de Notre-
Dame choquait singulièrement sa foi. « Tout
parle de l'homme dans le temple et rien n'y
fait souvenir qu'un Dieu l'habite et que c'est

pour sa gloire qu'il a été élevé. A peine si l'on voit une pauvre petite lampe sur le superbe autel, qui est sans tabernacle. Je crains bien que le froid de cet édifice ne gagne le cœur de ceux qui le visitent. »

La vie tout entière de Mlle de Gallery était une vie de foi et de prière. Les fêtes religieuses qui émaillent, comme autant de fleurs brillantes, le jardin de l'Épouse du Christ, parlaient à son esprit et à son cœur bien autrement que les fleurs de la terre.

Jour de Pâques. — « C'est au chant de l'alléluia que je vous écris. Pour le chanter plus tôt et vous écrire plus vite, je me suis faite matinale. J'ai beaucoup pensé aux saintes femmes qui, elles aussi, furent de grand matin au tombeau de Notre-Seigneur; mais plus heureuse qu'elles, je l'ai trouvé, moi. Aussi puis-je chanter un alléluia sans fin!!! Que cette fête de Pâques fait du bien à l'âme, après la tristesse des jours précédents!

« Pendant les jours saints, les souvenirs, qui nous sont mis sous les yeux, nous oppressent, nous mettent le cœur dans un étau; et c'est justice, puisque c'est nous qui sommes cause

de tant de douleurs. Mais aujourd'hui l'amour
est aussi vif et moins triste ; le cœur est plus
à l'aise, ce ne sont plus que des larmes de joie,
qui sortent des yeux : notre victime a triomphé
et de la mort et de nos cœurs. Alléluia ! »

*\
* *

Toussaint. — « Aujourd'hui, je n'aurais
voulu penser qu'au ciel ! Ne parler que du
ciel ! me reposer au ciel, au milieu de tous
ceux qui me sont chers, et qui m'ont précédée !
Mais ces chères âmes ont dû me prendre bien
en pitié, si elles ont vu comme toute ma journée
s'est passée au milieu des indifférents qui
m'ont assiégée. Il a donc fallu rester terre à
terre, pour m'apprendre que je ne dois pas
encore tendre au repos, que Dieu n'accorde
qu'à ceux qui ont longtemps et vaillamment
combattu. »

*\
* *

La pensée de mort ne l'affectait que pour les
autres ; pour elle, c'était l'heure attendue du
départ.

« Je fais repeindre et tapisser ma maison.

J'aimerais une demeure fraîche et bien arran-
gée... quand j'aurai accompli ce désir, il me
faudra la quitter pour mourir... ce sera sans
regrets pour aller vers Dieu... Comme la foi
adoucit et embellit toutes choses ! Elle devra
aussi vous consoler, quand Dieu m'aura ouvert
les bras !... Mais taisons-nous ; ce qui console
à la mort, affecte souvent pendant la vie. »

Elle aimait avec enthousissme la pompe et
l'éclat des cérémonies populaires. Son âme
semblait se détacher de la terre, pour vivre
et pour respirer la vie du ciel. Rien ne lui
semblait vulgaire dans l'expression de la foi.
Si délicate de goût et de sentiments, elle aimait à s'associer aux démonstrations religieuses
du peuple.

« Je rentre des belles fêtes de la Délivrande.
Que c'était donc beau ! Jusqu'aux fenêtres les
plus élevées, il y avait des guirlandes et des
oriflammes ! On avait dressé un autel en plein
air, pour que les je ne sais combien de mille
personnes puissent voir les prélats qui étaient
au nombre de six seulement, plus l'abbé de la
Trappe de Mortagne. On a compté mille prêtres, presque tous en procession, avec les pré-

montrés, les capucins et les religieuses des divers couvents. Ce défilé a bien duré une heure. Au milieu de la procession, la petite statue de la Vierge, toute défigurée, mais ornée et couronnée de pierres précieuses, était portée par 28 prêtres, qui se succédaient souvent, car le trône paraissait bien pesant. Je n'ai jamais rien vu de plus touchant ; j'étais émue jusqu'aux larmes ; je me disais que la reine du ciel devait abaisser ses regards sur cette foule accourue de si loin, pour assister à son triomphe de la terre. »

*
* *

« Nous avons eu, hier, une procession générale pour demander de la pluie : c'est la cinquième du canton. Il y avait 14 paroisses convoquées. Elles se sont toutes rendues à l'oratoire, bannières en tête. On a fait sortir la statue de la Vierge, qu'on a mise sur un char et promenée ainsi cinq lieues de chemin au milieu du cortège de tout ce peuple. Ils passèrent par M... C'était un spectacle saisissant au possible que cette foule de prêtres et de laïcs

chantant tour à tour les invocations des lita-
nies... et passant sous les arcs de triomphe
qu'on avait élevés presque sur tout le parcours
de la procession. La bonne Mère a dû être bien
touchée de la foi de tout son peuple couvert
littéralement de poussière ; et, malgré une chaleur étouffante, faisant retentir ses supplica-
tions à pleins poumons. Cette procession de
près d'une lieue de long, chaque paroisse avec
sa croix et son clergé en tête, me faisait songer, en considérant cette multitude de têtes,
au défilé de la vallée de Josaphat. »

*
* *

Mais c'est à l'égard surtout des sacrements,
que se manifestait tout son esprit de foi : elle
les goûtait sensiblement.

« J'ai été à confesse aujourd'hui ; j'étais au
bout de ma quinzaine ; car sans quoi j'avais eu
si peu occasion de pécher, que j'aurais encore
bien retardé, ce me semble : eh bien, cependant, cela m'a fait beaucoup de bien ; je me
sens plus recueillie, plus portée vers Dieu. J'ai
toujours cru à la divinité de la confession ;

mais, comme elle me serait révélée, quand
même, aux pieds de ce pauvre bon curé, qui
ne sait rien dire, que vous excuser! Il est si
bon et si simple qu'il rend la confession facile;
je n'ai jamais été à quelqu'un qui me mette
plus à l'aise, trop peut-être, si j'en perds le mérite. »

*
* *

« Depuis quelque temps, je vais tous les
huit jours à confesse; c'est plus prudent; à
mon âge, on ne sait ce qui peut arriver. Voilà
Mme X., dont je viens d'apprendre la mort. Elle
avait 47 ans; son mari, en entrant dans sa
chambre, l'a trouvée morte. Encore un avertissement de se tenir toujours prêt. Si c'est le
genre de mort que Dieu me destine, que sa
sainte volonté soit faite; mais j'aurais moins
de fautes sur la conscience, en allant à confesse
tous les huit jours, et aussi plus de grâces
pour me préparer. Mon saint Père a des jours
plus ou moins heureux; mais qu'importe, le
sacrement porte toujours son fruit. J'avoue cependant qu'un homme aussi pieux mais moins

simple, me ferait du bien parfois, car j'ai besoin d'être remontée. Ce qui sort de la bouche
d'un autre, quand on sait qu'il tient la place
de Dieu, fait plus d'effet que les plus beaux
raisonnements que l'on se fait à soi-même. »

*
* *

8 décembre 1870. — « C'est un grand jour
aujourd'hui, non seulement pour la Vierge immaculée, mais aussi pour une autre vierge
conçue avec toutes les misères de l'humanité.
Voilà aujourd'hui 59 ans que je vis. C'est dans
un jour comme celui-ci que je suis privée de
ne pouvoir me confesser. J'ai besoin une fois
par an de récapituler, aux pieds du représentant de Jésus-Christ, toutes les misères, sinon
de ma vie, du moins de mon année. On se
confesse mieux à certains anniversaires. Mais
je vois qu'il faut renoncer cette année à toutes
les satisfactions spirituelles et temporelles, et
les chercher seulement aux pieds de mon Christ
et dans mon cœur. »

Nous consacrerons un chapitre spécial à sa
dévotion envers la sainte communion.

Mme de Gallery, dont la foi pénétrait toutes les pensées de l'esprit et tous les sentiments du cœur, voyait et estimait toutes choses aux yeux de cette foi, qui, sous les dehors les plus humbles, à travers même les défauts les plus choquants, commande le respect et fait oublier l'homme, en présence de Dieu.

Elle avait particulièrement pour les prêtres un respect religieux. Elle vécut toute sa vie dans leur intimité et eut fréquemment l'occasion de voir et de sentir, avec son tact si délicat et ses sentiments si nobles, combien, malgré la sainteté de leur ministère, il leur est difficile de s'élever au-dessus des défauts attachés à la nature humaine et à l'éducation.

Mais jamais toutes ces imperfections n'abaissèrent en quoi que ce soit, dans son estime, la sublimité de leur caractère, ou diminuèrent rien de sa profonde vénération.

« Les défauts et les qualités de l'homme, disait-elle, n'ajoutent guère aux yeux de la foi, dans la personne du représentant de Jésus-Christ : l'homme s'y trouve totalement oublié. »

Mais ce que sa foi oubliait, son esprit et surtout son cœur le sentaient et en souffraient.

La Foi et la Charité animaient les moindres de ses actions.

Tandis que ses doigts agitaient l'aiguille du
tricot ou de la tapisserie, en faveur des pauvres ou des églises, ses lèvres murmuraient
doucement de courtes prières indulgenciées
en faveur du Purgatoire.

« A chaque tour d'aiguille, quand je travaille seule, et même assez souvent en société,
je prononce alternativement : « Mon Jésus,
miséricorde »... « Doux cœur de Marie, soyez
mon salut. » Les âmes du Purgatoire ont ainsi
part à mon travail, aussi bien que les indi-
gents. Pauvres et chères âmes, qu'il nous est
facile de vous soulager! »

Elle avait groupé les oraisons les plus courtes, enrichies d'indulgences, qui s'appliquent
aux principales dévotions du chrétien : la
sainte Trinité, Notre-Seigneur et ses principaux mystères, la sainte Vierge, saint Joseph, l'ange gardien... et elle avait formulé
cette belle prière, qu'elle récitait, en tra-
vaillant, à chaque instant du jour :

Saint, Saint, Saint est le Seigneur des armées :
La terre est remplie de votre gloire :

Gloire au Père, gloire au Fils, gloire au Saint-Esprit !
(100 jours.)

Père Éternel, je vous offre le sang très précieux
De Jésus-Christ, en expiation de mes péchés,
Et pour les besoins de la sainte Église. (100 jours.)

Soit loué et remercié à tout moment
Le très saint et très divin sacrement ! (100 jours.)

Mon Jésus, miséricorde ! (100 jours.)

O très doux Jésus ! ne soyez point
Mon juge, mais mon Sauveur. (50 jours.)

Jésus, Marie, Joseph, je vous donne
Mon cœur, mon esprit et ma vie ;
Jésus, Marie, Joseph, assistez-moi
Dans ma dernière agonie ;
Jésus, Marie, Joseph, que je meure
Paisiblement, en votre sainte compagnie. (300 jours.)

Doux cœur de Marie, soyez mon salut. (300 jours.)

Bénie soit la sainte et Immaculée Conception
De la Bienheureuse Vierge Marie. (100 jours.)

Vierge Marie, vous avez été Immaculée dans
Votre Conception : priez pour nous le Père,
Dont vous avez enfanté le Fils conçu par
L'opération du Saint-Esprit. (100 jours.)

Ange de Dieu, qui êtes mon gardien, par un

Bienfait de la divine Charité,
Éclairez-moi, protégez-moi,
Dirigez-moi et gouvernez-moi. Ainsi soit-il. (100 jours.)

III. — PAIX DE L'AME.

Le royaume de Dieu, nous dit l'Évangile, est au dedans de nous. (Luc, XVII, **21**.)

La paix et la joie de l'âme s'épanouissaient, comme une auréole, sur la belle et grande figure de Mlle de Gallery; c'était quelque chose du soleil qui brille sur un lac paisible. Il était facile de voir que ce n'était point cette joie qui naît de l'orgueil et des sens, mais bien « cette paix qui surpasse tout sentiment » (Ph., IV), et qui ne vient que de Dieu.

La région supérieure de son âme, sans cesse tournée vers le Ciel, éclairée sous le regard même de Dieu, était tellement maîtresse de cette partie inférieure, qui nous tient collés à l'enveloppe de la chair et si violemment attachés à la terre, qu'on pouvait à peine lire sur son visage l'empreinte d'une lutte inté-

rieure et les impressions de la contrariété et
de la souffrance. Quelque subite, quelque vive
et douloureuse que fût l'émotion, un regard
élevé vers le ciel, un signe de croix tracé sur
son cœur, un acte de recueillement prompt
comme la pensée suffisaient pour chasser les
nuages, dissiper toute ombre, et ramener le
sourire sur ses lèvres. Maîtresse souveraine
d'elle-même, elle méritait bien cette belle définition qu'un philosophe chrétien donne de
l'homme : « un esprit desservi par des orga-
nes », définition qui convient mieux, malheureusement, à l'homme sortant pur des mains
de son Créateur, qu'à l'homme tel que l'a fait
le péché originel.

On est heureux et fier, pour notre pauvre nature déchue, de rencontrer encore quelquefois
de ces êtres privilégiés, que la chute d'Adam
semble n'avoir qu'effleurés, ou qui, par la
lutte et le combat, ont reconquis une partie de
nos droits primitifs.

Mlle de Gallery nous dira elle-même les secrets de cette inaltérable sérénité, de cette
joie toujours radieuse de l'âme :

« Je jouis le matin du plus beau calme du

monde. Le bonheur d'être unie à mon Sauveur
me pénètre, s'écoule en mon âme et se transforme en quelque chose que je ne puis dire : les
choses du Ciel ne se traduiront que dans le
Ciel. Il faut donc se taire et goûter en silence ! »

.·.

« Chaque fois que je me sens triste, je vais
en présence du Saint Sacrement ; je répands
mon cœur tout entier près du divin Consolateur, je le prie de m'alléger le fardeau de
la vie ; et là, après avoir pleuré sous les yeux
et aux pieds de Dieu, je me relève fortifiée, et
résignée, sinon consolée. »

.·.

« Mon âme est oppressée, et jette un cri
vers le Ciel. Mais j'ai prié, prié beaucoup ; et
j'en ai fait encore la douce expérience aujour-
d'hui, ô mon Dieu : l'âme en peine, qui se
tourne vers vous, trouvera toujours sa consolation. »

« L'asthme est un billet de longue vie, dit-on ; triste vie, humainement parlant, que celle qui est rivée à la suffocation et à la souffrance. Mais si Dieu me donne cette croix de plus à porter, il m'aidera, je l'espère : ainsi donc *fiat, fiat.* Les souffrances physiques ne m'ont jamais effrayée ni affectée. La souffrance, je l'ai endurée, dix années de ma jeunesse, Dieu m'a soutenue ; et il me semble que c'était mon temps le meilleur, n'eût été la douleur de tous les miens... tant il est vrai qu'on souffre plus par le cœur que par toute autre cause. — Maintenant, comme jadis, je veux être à tout jamais disposée à la mort, comme à la souffrance. Dieu m'a tant donné, que ce serait ingratitude de lui refuser quelque chose ; et, tant qu'il s'agira de moi surtout, le sacrifice sera bientôt fait. Il me semble que j'ai tant le désir de voir Dieu, d'être engloutie dans ce cœur divin ! Oh ! que l'on doit être bien là ! Car Dieu est tout amour et absorbe tout ! »

CHAPITRE VIII

I

« Apprenez de moi, nous dit Notre-Seigneur, à être doux et humbles de cœur. »

L'humilité, voilà le fondement de toute sainteté. Une vertu, qui ne repose pas sur cette pierre angulaire, est fragile et ne supporte point l'épreuve.

Mais en quoi consiste cette vertu si rare et si peu comprise? Ce n'est pas, qu'on le sache bien, une bassesse de l'âme qui ne sait que ramper aux pieds : l'humilité, loin d'abaisser, élève et ennoblit.

Ce n'est pas non plus cet orgueil hypocrite qui, plein de soi-même, feint de s'abaisser pour être relevé par les autres; c'est là l'humilité du monde, où tout est mensonge et orgueil, et non de Jésus-Christ, qui est la vérité même. Cette modestie mondaine n'est qu'une imitation inventée pour cacher la laideur de l'orgueil qui rougit de lui-même.

L'humilité chrétienne est, non l'ignorance, mais la vraie connaissance de soi-même. « L'humilité, dit Fénelon, n'est autre chose que la vérité. » C'est cet œil simple de l'âme habitué à lire en soi par un examen fréquent et consciencieux, qui sait rapporter avec reconnaissance à son vrai auteur tout le bien qu'il y rencontre et confesser avec franchise devant Dieu et les hommes le mal qui fait toujours ombre à la vertu, même dans les cœurs les plus parfaits.

L'humilité, par la connaissance qu'elle donne à l'homme de sa faiblesse, de son impuissance, de ses misères, de ses défauts, de son néant, fait qu'il se méprise sincèrement lui-même et l'empêche de mépriser les autres et de s'élever au-dessus d'eux.

« L'humilité ne consiste pas même à faire des actes extérieurs d'humilité, quoique cela soit bon, mais à demeurer à sa place. » (Fénelon.)

C'est une acceptation volontaire, sans murmure ni jalousie, du rang que la Providence nous a marqué dans la hiérarchie sociale.

Tout cela semble bien conforme à la raison et basé sur la simple équité; et cependant l'humilité n'en est pas moins une vertu surnaturelle, dont l'homme n'est capable qu'avec le secours de la grâce.

L'orgueil humain apparaît non seulement dans l'estime exagérée de soi-même, mais encore dans ce regard si plein de jalousie sur ce qui est au-dessus de nous, et de mépris pour ce qui est au-dessous.

Mlle de Gallery avait tellement l'esprit de conformité à la volonté de Dieu, qu'interrogée sur ce qu'elle eût fait en telle ou telle position, elle répondit avec une grande simplicité : « Mais j'ignore... je n'ai jamais songé à une autre condition que celle où Dieu m'a placée, et il ne me vient point à la pensée de faire des hypothèses et de rêver des désirs chimériques. »

Elle n'aimait pas entendre dire : Si j'étais riche, je ferais telle bonne œuvre. « Ce n'est trop souvent, disait-elle, qu'une excuse pour se dispenser de faire ce qui est possible et même ce que l'on doit dans sa vraie condition. »

L'humilité, qui accepte sans raisonnement la place que Dieu nous a assignée dans la société, se soumet également à l'estime et au jugement des hommes à son égard, sans retour sur soi-même, sans examen jaloux sur autrui, sans comparaison presque toujours blessante pour l'amour-propre. « En quelque lieu que Dieu mette l'homme humble, il s'y tient, il ne comprend pas même qu'il lui en faille un autre. » (Fénelon.)

Doit-il l'obéissance, il ne voit que la volonté de Dieu dans celle de ses supérieurs; il s'inquiète peu de ce qu'ils peuvent faire de ses talents, qu'il emploie avec un zèle égal au dernier comme au premier rang.

Pour les personnes libres et indépendantes, l'humilité, dans les rapports nécessaires de la société, épargne encore bien des souffrances à l'amour-propre et des susceptibilités préjudiciables à la charité et à la paix du cœur.

Mlle de Gallery si pleine de tact pour les autres, chez elle et partout, en tout ce qui touchait aux préséances et aux usages consacrés là-dessus par le temps et la meilleure société, y était complètement indifférente pour elle-même.

« On ne peut user, disait-elle, de trop de précautions et de délicatesse pour ménager l'amour-propre des autres, éviter le moindre froissement des personnes que vous invitez chez vous ou avec qui vous ne vous rencontrez ailleurs que pour leur être agréable; mais pour soi-même, rien de plus sot, de plus injuste, que d'attacher la paix de son âme, son amabilité et ses bonnes grâces, à la volonté et au jugement d'autrui. »

*
* *

« La naissance, les dignités et la fortune qui donnent un titre aux honneurs de la terre, ne doivent ni enorgueillir ceux qui les reçoivent, ni humilier ceux qui en sont privés; car ces honneurs sont rendus, non aux personnes, mais à la société intéressée au respect de ces choses. »

La fortune n'avait à ses yeux d'autre prestige que l'avantage si doux à son cœur de faire le bien : c'était pour elle le seul usage légitime, la seule vraie jouissance des richesses.

Les dignités et la naissance passaient à ses yeux avant la fortune, non pour fournir un aliment à la vanité, mais pour imposer des devoirs et élever les sentiments à la hauteur de leur position.

« Noblesse oblige, écrivait-elle, voilà pourquoi elle n'est point un vain mot. Ceux-là qui n'en retirent qu'un sujet d'orgueil, sans souci de ses obligations, déshonorent le nom qu'ils portent, plus qu'ils n'en sont honorés. »

Dans une âme aussi humble, aussi calme, aussi détachée des biens et des honneurs de la terre, elle possédait des aspirations singulièrement élevées et une admiration presque passionnée pour tout ce qui était grand et noble. Tout ce qui sentait le dévouement, trouvait surtout un écho dans son âme. La gloire militaire excitait en elle un vrai enthousiasme.

« La valeur, a-t-elle écrit, a un prestige qui séduit et domine bien plus que l'esprit et la beauté. L'homme qui se montre avec un collier de croix gagnées sur le champ de bataille fait battre tous les cœurs. »

L'humilité, loin d'abaisser, élève et agrandit les sentiments. — C'est ainsi qu'elle comprenait cette vertu. L'humilité chez elle s'alliait, sans contraste, à une dignité toujours noble, une rare fermeté de caractère, une grande indépendance d'esprit, un cœur naturellement chevaleresque, ouvert à tous les grands et généreux dévouements.

Son humilité, si simple dans l'obéissance, toujours si disposée à faire plaisir, faisait place quelquefois à une énergie peu ordinaire de volonté.

« La dévotion, disait-elle, n'autorise personne à nous imposer le joug de l'homme et à empiéter sur nos droits et notre indépendance. »

A ces trop officieux conseillers qui ambitionnent une influence intéressée sur les femmes généreuses et indépendantes, elle savait répondre avec une grande dignité : « J'accepte volontiers vos bons et complaisants avis; mais à condition que vous souffrirez aussi volontiers que je ne les suive qu'autant qu'ils conviendront selon les circonstances. »

L'humilité de la conversation ne consistait point, pour elle, à garder le silence, mais à s'oublier soi-même pour ne penser qu'aux autres, à parler de soi le moins possible, pour s'entretenir volontiers de ce qui intéresse autrui : c'est ce qu'elle pratiquait avec une simplicité et une grâce charmantes.

Elle eut toute sa vie une grande retenue et une certaine pudeur à parler d'elle-même; mais si c'était opportun, elle le faisait avec la même simplicité, la même franchise que s'il se fût agi d'une autre. — Un jour qu'on la complimentait sur une lettre fort remarquable qu'on relisait devant elle, elle répondit avec naïveté et délicatesse : « Ah! je ne me croyais pas autant d'esprit : il est vrai que certaines personnes ont le don d'en communiquer aux autres. »

Elle était loin de soupçonner son talent épistolaire. Elle écrivait au sujet de sa correspondance la plus suivie : « Je vous disais que votre lettre m'avait fait plaisir. Savez-vous pourquoi? C'est que vous me rassurez sur l'utilité de mes longues lettres. Je me dis souvent, en les écrivant : Je ne sais comment on a le courage de

lire tout cela. En effet, vous qui passez vos journées à lire des chefs-d'œuvre, comment pouvez-
vous trouver quelque agrément à lire tout mon
fatras. Et vous me dites que mes lettres vous
font du bien, c'est donc aussi que le cœur est
comme la poésie et prête des charmes à tout. »

Entendons-la parler d'elle-même à Dieu : « Je
prie Dieu d'éloigner de moi l'esprit d'orgueil,
qui naît quelquefois de la satisfaction d'avoir
bien fait. C'est bien triste à penser que nous
sommes tous plus ou moins des ingrats, cherchant à nous prévaloir des dons que nous tenons
d'une main infiniment libérale. Mon Dieu, pardon ; rendez-moi douce et humble de cœur, et
que tout retourne à votre gloire. »

* *

« O Seigneur, devant qui ma misère apparaît
tout entière, ayez-en pitié! Et toutes les fois
qu'elle paraîtra à vos yeux, ô Dieu très bon,
qu'elle sollicite pour moi vos miséricordes? »

* *

« O mon Dieu, l'humilité est, dit-on, comme une balance qui, tandis qu'elle s'abaisse d'un côté, se relève de l'autre. Que lui servirait-il de n'attirer que les regards et l'estime des hommes? Que mon néant, Seigneur, en s'humiliant devant vous, m'élève vers vous, et attire sur moi votre grâce et votre miséricorde. »

II

« La douceur est fille de l'humilité, comme la colère est fille de l'orgueil. » (Fénelon.) « Ce qui rend l'esprit aigre, c'est qu'on répand sur les autres le venin et l'amertume qu'on a en soi-même. Lorsqu'on a l'esprit tranquille par la jouissance du vrai bien et par la joie d'une bonne conscience, comme on n'a rien d'amer en soi, on n'a que douceur pour les autres : la vraie marque de l'innocence conservée ou recouvrée est la douceur. » (Bossuet.)

« L'humilité est la pureté de l'amour divin; et la douceur en est la suavité. » (Mgr de Ségur.)

La vertu de douceur et d'humilité, qui est la manifestation extérieure de la charité, est, comme elle « patiente et bienfaisante, elle n'est pas envieuse, n'agit point inconsidérément, ne s'enfle point d'orgueil, n'est point ambitieuse, ne cherche pas ses propres intérêts, ne s'irrite pas, ne pense pas le mal, supporte tout, souffre tout. (I Cor., XIII.)

« Elle est sans aigreur, sans enflure, sans dédain, sans prendre avantage sur personne, sans insulter au malheureux, sans même choquer le superbe, mais tâchant de les gagner par la douceur; douce même à ceux qui sont aigres, n'opposant point l'humeur à l'humeur, la violence à la violence, mais corrigeant les excès d'autrui par des paroles vraiment douces. » (Bossuet.)

Elle ignore et méprise « les feintes douceurs dédaigneuses, pleines d'une fierté cachée; ostentation et affectation de douceur, plus désobligeante, plus insultante que l'aigreur déclarée. » (Bossuet.)

L'âme si douce et si humble de Mlle de Gallery

nous apparaît tout entière dans ces belles paroles de l'apôtre, si admirablement commentées par Bossuet.

Cette douceur et cette humilité chrétienne, tant recommandées par Notre-Seigneur Jésus-Christ, formaient le fond même de son cœur et de son esprit; elles brillaient dans toutes ses paroles et actions; elle dut particulièrement à ces deux vertus d'être « chérie de Dieu et des hommes ».

L'amabilité, qui provient de l'orgueil et de la vanité, fatigue bientôt, car elle ne donne que pour recevoir; celle au contraire, qui repose sur l'humilité et la douceur, charme toujours par sa sincérité et son désintéressement.

CHAPITRE IX

PURETÉ

C'est une noble mission que celle des vierges chrétiennes, destinées à faire briller dans le monde le conseil évangélique le plus éminent, la virginité chrétienne : « elles ressemblent au lis qui fleurit au milieu des épines ». (Cant., ii, 2.) C'est une mission non moins belle et bien autrement périlleuse que celle des épouses du Christ, qui pratiquent la même vertu à l'ombre des cloîtres, sous la sauvegarde d'une règle protectrice, de vœux inviolables.

Le christianisme a toujours honoré et encouragé les communautés religieuses, ces asiles de la pureté, dont le suave parfum pénètre et purifie l'air vicié du monde, et où le regard scandalisé par tant d'exemples mauvais et de maximes corrompues se repose avec bonheur, comme l'œil fatigué par les sables brûlants rencontre avec délices l'oasis du désert. Leurs enceintes rappellent assez ces citadelles fortifiées, qui protégeaient chaque ville du' moyen âge; la plus délicate des vertus, la plus exposée aux traits de toutes sortes, a besoin d'une citadelle, d'un refuge au moins pour la pensée, qui affermisse sa foi et soutienne son courage.

Mais le monde, séparé par un abîme de ces solitudes habitées par un esprit si différent du sien, ne peut que trop facilement oublier et même calomnier, aux yeux des simples et des ignorants, la vertu pratiquée à l'ombre et dans le silence de la retraite. — Celui qui fait naître les lis au milieu des épines, a voulu posséder aussi des épouses qui lui soient consacrées, même au milieu de ce monde défiant et incrédule.

Au temps de l'ancienne loi, alors que tout était figure et emblème des choses à venir, Dieu fit voir à Jacob, dans un songe mystérieux, la terre reliée au ciel par une échelle, où montaient et descendaient sans cesse des anges? C'est là le grand don, le miracle permanent du christianisme, qui proclame l'empire immortel de l'âme sur le corps.

Dans les touchantes cérémonies de la bénédiction solennelle des religieuses anglo-saxonnes, le consécrateur prononçait cette belle prière :

« O Dieu, qui daignez habiter les corps chastes et aimez les âmes virginales ; Dieu, qui avez restauré la substance humaine corrompue par la fraude diabolique et l'avez rétablie par votre Verbe Créateur, de façon non seulement à lui rendre son innocence primitive, mais à lui procurer les biens éternels, et à la faire monter du sein des créatures encore enchaînées dans les liens de cette vie, jusqu'au niveau des anges... daignez jeter un regard sur votre servante.

« Comment son âme, emprisonnée dans une chair mortelle, aurait-elle vaincu la loi de la nature, l'aiguillon de la jeunesse, si vous n'aviez vous-même allumé en elle la flamme de la virginité, si vous ne nourrissiez vous-même cette flamme par le courage que vous lui inspirez ? — Votre grâce s'est répandue chez toutes les nations qui sont sous le soleil, nom-

breuses comme les étoiles; et, parmi toutes
les vertus que vous avez enseignées à ces héritiers de votre Testament Nouveau, il y a un
don qui découle de la source intarissable de
votre générosité sur certaines âmes, et qui,
sans diminuer en rien l'honneur des justes
noces et la bénédiction que vous avez pronon-
cée sur le lien conjugal, inspire à ces âmes
plus hautes de dédaigner toute union mortelle,
d'aspirer au sacrement qui unit Jésus-Christ
à son Église, de préférer à la réalité naturelle
du mariage l'union surnaturelle dont le mariage est l'emblème.

« Cette vierge bienheureuse a reconnu son
Créateur, et, rivalisant avec la pureté des
anges, elle ne veut appartenir qu'à Celui qui
est le Fils de la Vierge perpétuelle. »

Le christianisme, qui est la manifestation
des vertus et des perfections divines, devait
faire briller aux yeux de tous le flambeau de
la virginité chrétienne et forcer le monde à
s'écrier comme au temps de Moïse : « Le doigt
de Dieu est là ».

Le Dieu de l'Évangile, qui a accepté pour
lui les humiliations de la pauvreté, fait de pré-

férence éclater ses miracles au milieu des pauvres et des humbles. C'est parmi eux qu'il compte le plus grand nombre de ses épouses. Il n'a pas voulu cependant que le monde pût imputer leur vertu à la pauvreté et à l'absence de ces dons de l'éducation, de l'intelligence, de la beauté, qu'il sait seuls estimer : il choisit et possède des épouses dans toutes les classes de la société, jaloux assez souvent de ces dons-là mêmes, dont le monde est si follement épris.

Née le 8 décembre, Mlle de Gallery rendait souvent grâces à Dieu de sa naissance, en ce jour de l'Immaculée-Conception de la Très Sainte Vierge ; et elle s'en faisait un titre spécial à aimer Celle qu'elle n'appelait que sa mère, et pour qui elle eut toute sa vie la sensibilité affectueuse d'une enfant.

Elle ne se doutait guère cependant des vues de Dieu dans cette providentielle coïncidence, et du privilège, si plein de grâces, qu'elle dut probablement à ce jour béni au ciel et sur la terre.

Sa volonté fut toujours et en tout une parfaite
conformité à celle de la Providence. C'est surtout en ce qui touche à la vocation proprement
dite, à l'entrée des deux grands sentiers de la
vie, la virginité et le mariage, que Dieu a coutume de manifester sa volonté par des signes
non équivoques à celui qui ne cherche point à
dicter au ciel sa propre volonté; mais qui
« tient son âme entre ses mains », pour se laisser guider.

Dieu avait préparé avec trop de soin le
cœur de Mlle de Gallery à la pureté, pour
qu'elle pût hésiter un instant sur sa vocation.
Prévenue de tant de grâces, « choisie de Dieu,
avant qu'elle l'eût choisi », elle comprit de
bonne heure qu'elle ne pouvait appartenir qu'à
Celui qui est l'Époux et le Fils de la Virginité
perpétuelle.

« Mon Dieu, écrivait-elle un jour, que vous
rendrai-je pour tous vos bienfaits! mais surtout
pour m'avoir épargné ce martyre qu'on appelle mariage... Les pensées d'aujourd'hui
sont les pensées de ma jeunesse; car je n'avais
pas dix ans, que je disais : Je ne me marierai
point. C'était la grâce qui parlait en moi, car

je ne connaissais pas alors les avantages de la
virginité.

Ce miracle de pureté, au milieu des scanda-
les et des vanités du monde, ne peut s'expliquer
que par une humilité profonde; par une grande
mortification des sens; un empire singulier
sur sa volonté et une vigilance continuelle sur
cette curiosité inhérente à notre nature déchue,
que l'Écriture Sainte désigne sous le nom de
« concupiscence des yeux », parce que la vue,
étant le premier organe de nos connaissances,
nous l'appliquons aux autres sens et à l'imagination elle-même.

Ceux qui ont un peu l'expérience du cœur
humain et de la vie spirituelle, ne sont pas
surpris de nous voir invoquer l'humilité,
comme la source principale de la pureté de
l'esprit et du cœur. « C'est surtout aux vierges,
dit saint Ambroise, que Notre-Seigneur, ce divin modèle de toute pureté, a dit : Apprenez
de moi à être doux et humbles de cœur. »

Nous avons pu juger ailleurs l'humilité de
Mlle de Gallery. Parlons seulement ici des

louanges du monde, ce poison si funeste et si subtil pour l'esprit et le cœur de la femme.

« En voyant, disait-elle, le peu de sincérité dans les compliments faits à autrui, je ne ressens aucune impression de ceux qui me sont adressés à moi-même. C'est ce qui me faisait reprocher autrefois de les recevoir avec une certaine pointe d'ironie et comme s'ils étaient au-dessous de mes mérites, bien qu'en réalité je n'en fisse d'autre cas que d'un usage banal de la politesse. J'ai souvent remercié Dieu de m'en avoir découvert de bonne heure la fatuité et le mensonge; car ils auraient pu contribuer beaucoup à m'induire en erreur sur mon propre compte. »

Les dons si riches qu'elle avait reçus du côté de la nature et de la grâce, loin d'exciter en elle l'orgueil et la vaine complaisance, exaltaient seulement sa reconnaissance et son humilité. « Voilà aujourd'hui cinquante-neuf ans que je vis. Quand je réfléchis à ce nombre d'années, je me demande : Est-ce possible que j'aie tant vécu? Mais ce qui me touche aux larmes, c'est que je ne puis récapituler le nombre de bienfaits, de grâces, dont Dieu m'a comblée,

et qui font de moi la plus pauvre, la plus in-
grate des créatures. »

Dieu a mis, dans les cœurs purs, un attrait
mystérieux pour la mortification, qui semble
cependant leur convenir moins qu'à personne;
mais c'est le divin Crucifié lui-même qui, de
sa croix, « les attire à l'odeur de ses parfums ».
Il n'est pas rare de voir ces âmes goûter dans
l'immolation de leur chair un bonheur supérieur
à toutes ses jouissances. C'est là le grand
mystère de la folie de la croix, dont parle l'A-
pôtre, et qu'on retrouve au fond de la vie intime de tous les saints.

L'âme de Mlle de Gallery, ainsi que celle du
sage « exilée un moment dans le corps comme
un voyageur en pays étranger, usait du corps
avec une austère tempérance, et se gardait
bien de montrer pour lui trop d'indulgence et
d'affection, disposée à quitter ce pavillon cor-
ruptible, aussitôt que l'ordre de son rappel
lui serait signifié ». (Saint Clément d'Alexandrie.)

La convoitise nous a tendu un piège, jusque

dans les aliments nécessaires à notre vie.
Écoutons sur l'usage de la table une belle parole tombée des lèvres de cette femme mor-
tifiée :

« Je ne comprends pas les plaisirs de la
table, tout en aimant mieux certaines choses
que d'autres. Où l'on avale tout, il ne demeure
pas de jouissance après. »

Elle connut et pratiqua, dans toute la réalité, la sainte folie de la croix et des souffrances volontaires.

Dès l'âge de dix ans, la vie des saints la
porta plusieurs fois à se mortifier elle-même
et se donner la discipline à leur exemple. Elle
ne suivait guère d'autre règle, dans ces austé-
rités corporelles, que les inspirations de la ferveur. Plus tard, elles devinrent fréquentes :
régulièrement, chaque vendredi, et assez souvent plusieurs fois la semaine, elle portait,
même le jour entier, une ceinture d'orties.

C'est ici un devoir de prémunir tous les
âges, la jeunesse surtout, contre un zèle plus
ou moins discret, facilement imprudent à cet
égard : — on ne doit rien se permettre en ce
genre, sans l'avis d'un directeur éclairé.

Vers l'âge de quarante-huit ans, l'état de sa
santé, l'étude de la vie spirituelle, quelques
conseils peut-être lui firent presque renoncer
à ces flagellations, pour se livrer davantage
aux mortifications intérieures.

Cette austérité, cette chaste timidité des
âmes pures pour leur corps, n'est point du
mépris et de la haine; mais la crainte et le
respect du temple de Dieu. Citons une belle
et noble élévation de l'âme, que suggérèrent
à notre pieuse vierge ces paroles de la Sainte
Écriture : « Ne savez-vous pas que vous êtes
le temple de Dieu et que l'Esprit-Saint habite
en vous ? »

« Nos sommes le temple de Dieu!!! Nous
ne sommes plus seulement cette image faite
à sa ressemblance, placée peu au-dessous des
anges, dans l'échelle de la création. Dieu, devenu à son tour notre image et ressemblance,
a établi sa demeure en nous. Le Baptême élève
les murs de ce temple, le surmonte de l'éten-
dard sacré de la croix, l'orne des dons de l'Esprit-Saint; la Confirmation le consacre, la
sainte Communion y fait descendre Dieu lui-
même, qui prend possession de son sanc-

tuaire, et devient l'hôte mystérieux de notre
âme et de notre corps.

« Mon Dieu, qu'est-ce donc que nous, pour
que vous nous éleviez à un si haut degré d'honneur? Pardon, mon Dieu, d'avoir si peu compris jusqu'à présent le profond mystère d'a-
mour qui vous unit à votre créature, toute
misérable qu'elle est. Ce n'est pas seulement
mon esprit et mon cœur qui vous appartien-
nent. « Ne savez-vous pas, nous dit saint Paul,
que vos corps sont les membres de Jésus-
Christ, le temple de l'Esprit-Saint? Vous ne
vous appartenez plus, car vous avez été racheté
d'un grand prix; glorifiez donc et portez Dieu
dans votre corps. »

« Si votre apôtre ne nous l'affirmait, ose-
rais-je le croire? Je porte Dieu dans mon corps,
tout boue et poussière qu'il soit. Mon Dieu!
mon Dieu! Il n'est rien en moi qui ne soit saint
et que je ne doive entourer de respect. La présence à mes côtés d'un prince de votre cour,
de mon ange gardien, n'a plus rien qui
puisse m'étonner. Mais je me fais peur à
moi-même, et je suis effrayée de tant d'honneur! »

« Les sens de la vierge doivent être vierges, » a dit saint Augustin.

De là naît la modestie virginale, sorte de
virginité extérieure et apparente, doux reflet
de la pureté de l'âme sur la physionomie et
dans tout le maintien. La modestie est une
vertu qui compose, avec bienséance, tous les
mouvements extérieurs : le parler, le marcher,
les regards, la tenue, les gestes et tout ce qui
est du maintien du corps. Cette modestie, chez
la vierge chrétienne, revêt un parfum de pureté, qui pénètre l'âme, calme les passions,
et fait aimer la vertu. — Tout cela était rigou-
reusement vrai à l'égard de Mlle de Gallery :
une modestie suave et gracieuse répandue sur
toute sa personne, mêlée à son sourire, à ses
paroles, à son regard, à tous ses gestes, lais-
sait pressentir la vierge et portait naturellement l'âme aux pensées chastes et élevées. —
Mgr de Belley raconte de saint François de
Sales, son ami : « Je ne l'ai jamais remarqué
se dispenser de la plus exacte loi de la modestie : tel seul, tel en compagnie que seul, il
avait une égalité de maintien corporel, semblable à celle de son cœur. Je n'ai jamais

aperçu en lui aucun mouvement extraordinaire des yeux, ni des mains, ni de la tête; il était toujours dans son assiette accoutumée, par un effet de l'exercice de la présence de Dieu. »

Chez Mlle de Gallery, la modestie n'était pas non plus un maintien de parade pour les yeux des hommes : toujours et partout, elle vivait sous l'œil de Dieu et de ses saints anges, remplie de crainte et de respect pour elle-même, comme pour le temple du Saint-Esprit, ne se départant jamais « de ces habitudes célestes que la vierge chrétienne, dit saint Augustin, sait imprimer à ses membres fragiles et terrestres ». — Elle savait que toujours et partout « Dieu est près de nous » (Phil., IV, 5); « que nous sommes en spectacle au monde, aux anges et aux hommes » (I Cor., IV, 9).

Quant à la mortification de l'esprit, la soumission absolue de la curiosité aux lois de la raison, elle en avait fait l'étude et la pratique de toute sa vie. Son esprit sérieux et calme lui avait rendu cet empire plus facile qu'à bien d'autres; mais il est rare de rencontrer le degré de perfection auquel elle avait assujetti le corps à l'esprit.

L'avidité de l'inconnu : ce besoin de tout voir, de tout entendre, de tout goûter, en un mot de tout expérimenter, de tout connaître, voilà le grand écueil de l'innocence, l'arbre défendu, sous lequel le démon caché nous crie : Pourquoi Dieu vous a-t-il défendu de manger de ce fruit? — L'âme légère, dissipée, ouverte de tous côtés aux choses extérieures, ne tarde pas à succomber. « La curiosité, dit Fénelon, ouvre l'âme, comme une place démantelée, à toutes les attaques de l'ennemi. »

La curiosité est naturelle à tous les âges; mais plus particulièrement à l'enfance. A cet âge surtout, où l'on commence à s'initier aux secrets de la vie, « où des essaims de pensées, de désirs, d'objets dangereux bourdonnent autour de nous » (saint Augustin), la curiosité peut, si l'âme n'y veille avec une attention sévère, nous ouvrir les yeux, comme ceux de nos premiers parents, à la redoutable science du bien et du mal; nous chasser du paradis terrestre de l'innocence, dont un ange armé nous interdira désormais l'entrée, et faire pénétrer dans notre âme mille tyrans aussi vils qu'impérieux.

On n'est pas maître que la tentation ne s'offre point à nous, que le fruit défendu n'attire notre regard ; mais, après avoir répondu comme Ève : « Dieu a défendu sous peine de mort de manger de ce fruit », nous ne devons pas nous attarder un instant à raisonner avec le démon et la passion naissante.

L'habitude du devoir, l'empire de la conscience, la possession de soi-même, sans détruire entièrement le germe du mal, inhérent à notre nature déchue, y opèrent, comme une création nouvelle, « renouvelant l'intérieur de l'âme, nous revêtant de l'homme nouveau qui est créé selon Dieu, dans une sainteté et une justice véritable » (Éphés., iv, 23-24) ; ou du moins rendent facile le triomphe de la vertu.

L'étude principale de tous les saints a été cette mortification parfaite des sens et de l'imagination ; la vigilance constante à l'égard de toute curiosité ; l'empire absolu de l'âme jusque sur les moindres mouvements du corps. L'obéissance est le seul remède à la curiosité.

Un respect profond et sacré, pour les moin-

dres volontés de ses parents, avait préparé
Mlle de Gallery à l'obéissance de la raison et
de la foi. Son cœur simple et craignant Dieu
ne connut jamais le raisonnement de l'obéissance, ce grand péril de la tentation, auquel
succombèrent nos premiers parents, et auquel ne résistent pas longtemps ceux-là qui,
comme eux, se demandent « pourquoi Dieu
leur a fait cette défense ».

« Il doit en être ainsi, » fut toujours le motif de la soumission de Mlle de Gallery. Aussi
l'obéissance n'était pas même pour elle un sacrifice. Elle portait cette habitude et cette
simplicité d'obéissance jusque dans les usages
habituels de la vie, immolant ses goûts, re-
nonçant à sa volonté, s'imposant des sacrifices pénibles, sans hésitation, sans plainte,
sans humeurs ni regrets, avec bonne grâce et
gaieté de cœur, dès qu'elle était convaincue
que c'était plus conforme à sa santé, à la raison, à la charité et l'édification du prochain,
et le bon plaisir de Dieu.

Le grand écueil de la curiosité, pour les
jeunes personnes, est la lecture : c'est là
principalement la source de la corruption de

l'esprit et du cœur. Mme de Gallery était d'autant plus exposée que n'ayant presque personne pour diriger ses lectures, elle pouvait rencontrer le danger à son insu. Le sérieux de son esprit, et plus encore la délicatesse de sa conscience, surent toujours la garantir dans ses études assez variées. Le roman, poison semé partout et auquel si peu échappent, ne lui inspirait qu'ennui et dégoût, à cet âge même, où l'on ne voit et juge tout qu'à travers les rêves dorés de l'imagination ; elle était assez initiée à la vie réelle, sérieuse et calme, pour ne prendre aucun intérêt à cette vie fictive, idéale et passionnée de ce genre d'écrits.

Son esprit n'était pas moins délicat et exigeant que le cœur et la conscience. — Les écrivains les plus renommés, perdaient tout droit à son estime et par là même à être lus davantage, dès qu'ils s'écartaient des règles de la bienséance et de la bonne société. — Ayant admiré plusieurs fois les sublimes beautés de Shakespeare, elle voulut, à cinquante-sept ans, faire une connaissance plus ample du grand poète de l'Angleterre, dans une édition corrigée avec toute la convenance que comporte un pareil auteur.

« A propos de livres, écrivait-elle, j'ai voulu faire connaissance avec Shakespeare; mais il me dégoûte, tout corrigé et purifié qu'il est. Je le trouve d'une saleté qui me révolte; et c'est d'autant plus choquant, que c'est au milieu des choses les mieux exprimées, qu'il glisse les mots les plus grossiers. C'est vrai qu'il y a du beau, du sublime; mais cela me produit l'effet de bijoux tombés dans des égouts auxquels on n'ose porter les doigts. »

L'œil fixé sur Dieu, l'esprit pénétré sans cesse et partout de sa divine présence, le cœur doucement attiré vers lui, « elle usait véritablement du monde, comme n'en usant pas » (I Cor., vi, 31); elle passait au milieu de ses fêtes et de ses frivolités, comme une étrangère, sans y attacher son âme.

La société était pour elle « un créancier, dont on est forcément le débiteur, dès qu'on vit dans le monde, dont on doit même ménager et redresser l'opinion à l'égard de la piété, pour laquelle elle n'est que trop souvent sévère et injuste dans ses jugements ».

On connaît par ce qui précède sa conduite envers le monde, dont la vanité, loin de l'éloigner de Dieu, ne lui en faisait que mieux goûter les douceurs.

« Mon Dieu, priait-elle souvent, faites que j'aie, toujours et partout, mon cœur entre les mains pour vous l'offrir. »

CHAPITRE X

AMOUR DE DIEU ET DE LA PRIÈRE

I

Dans les papiers intimes, les carnets de poche de Mlle de Gallery, on retrouve fréquemment cette belle exhortation à l'amour de Dieu :

« Il n'y a qu'un seul amour digne de nous ; c'est l'amour de Dieu grand et sublime, qui nous élève, nous ennoblit, nous divinise pour ainsi dire. »

En tête d'un agenda, elle prend, le 1er janvier, l'engagement de témoigner à Dieu, chaque jour de l'année, l'expression de son amour.

« Mon Dieu, je vous offre ce petit carnet, que je veux appeler carnet d'amour, parce que je ne veux pas passer un seul jour de cette année, sans y tracer un : Mon Dieu, je vous aime! Gravez-le dans mon cœur mieux que je ne le ferai sur ce papier; car telle est ma misère, que je ne puis vous aimer sans vous, ô Dieu tout aimable. »

Et chaque soir, avant de s'endormir, elle inscrit au crayon son « Mon Dieu, je vous aime », avec de courtes aspirations où l'on sent son âme respirer et battre sur le cœur même de Dieu.

Nous empruntons à ce carnet d'amour presque toutes les citations de ce chapitre :

« S'il est vrai que l'on pense souvent à ce qu'on aime et que tout nous en rappelle le souvenir, n'avons-nous pas lieu de craindre que nous n'aimions pas Dieu, ou que nous ne l'aimions que faiblement? »

.·.

« Qu'il m'est doux, ô mon Dieu, de penser que vous m'aimez comme un père, et que vous voulez que je vous aime comme votre enfant! »

* *

« Mon Dieu, que je vous aime! je voudrais vous le dire sans cesse, vous le dire toujours. Que je sens de douceur à vous dire : Je vous aime! C'est qu'en vous, tout est doux, jusqu'au désir de vous aimer. Oh! comment ne pas vous aimer, ô Dieu tout aimable! L'amour attire l'amour. — Aujourd'hui, je le sens, ô mon tout aimable Jésus! Faites que je le sente chaque jour davantage. Je vous offre tous les battements de mon cœur! »

* *

« Mon Dieu! mon Dieu! que j'aime à prononcer votre doux nom : Mon Dieu! »

* *

« Mon Dieu, je vous aime et veux vous aimer tous les jours de ma vie. Que chaque battement, que chaque soupir de mon cœur soit un : « Je vous aime ». Et cela ne doit-il pas être ainsi, ô Dieu tout aimable et tout bon? »

*
* *

« Mon Dieu, qu'il est doux de vous aimer, je voudrais n'aimer que vous et ne vivre que pour vous le dire. Qu'on est bien à vos pieds, même gémissant sous le poids de notre misère, que vous daignez nous apprendre à supporter. »

*
* *

« Mon Dieu, je vous aime et veux toujours vous aimer, en tout temps, en tous lieux, et malgré tout ce qui peut m'arriver. Faites que je pense toujours ainsi ! »

*
* *

« Mon Dieu, quand vous aimerai-je de toute la capacité de mon esprit et de mon cœur. Je crois bien que je vous aime, ô mon Dieu, mais je ne le sens pas toujours, comme je le désirerais. Mon Dieu, imprimez votre amour dans mon cœur d'une manière ineffaçable. »

*
* *

« Mon Dieu, vous seul, vous méritez d'être aimé. Faites que votre amour règne à jamais dans mon cœur. Faites que ce cœur, qui veut vous aimer de toutes ses forces, s'élève au-dessus de toute affection humaine et qu'il n'aime qu'en vous. »

*
* *

« Ne compter que sur Dieu, ne vivre que pour Dieu : c'est l'unique désir de mon cœur. »

*
* *

« Mon Dieu, je vous aime. — Mais pourquoi me commander de vous aimer, ô Dieu tout aimable? N'est-ce pas vous qui m'avez donné mon cœur? Oh! qu'il soit à vous, uniquement, entièrement et toujours! »

*
* *

« O mon Dieu, je vous aime; mais je voudrais vous aimer bien autrement que je ne le fais. Que mon cœur me semble froid, quand je dis : Je vous aime. Embrasez-le, Seigneur, consumez-le, ô Dieu d'amour. »

* *

« Mon Dieu, que ne vous doit pas une misérable, pour qui vous avez tout fait. Que son cœur est petit, pour vous aimer. Oh! puisse-t-il du moins vous aimer de toute sa capacité. »

* *

« Mon Dieu, mon Dieu, je vous aime, bien que mon cœur ne soit point embrasé; je vous aime et désire vous aimer, ô Dieu si aimable et si bon! Changez, purifiez ce cœur misérable et si peu digne de vous. »

* *

« Mon Dieu, je vous aime. Que j'aime à tracer ces mots! Mais faites qu'ils soient mieux gravés dans mon cœur que sur ce papier. Voilà un mois que j'écris chaque jour que

je vous aime. L'ai-je prouvé par mes actions?
Pardonnez-moi de ne vous avoir pas assez
aimé; je veux vous aimer davantage. »

« Mon Dieu, faites qu'à l'exemple de la
Sainte Vierge, je meure d'amour pour vous.
O bonne mère, attirez-moi à vous. »

« O ma mère, Vierge Immaculée, dont le
cœur fut percé d'un glaive de douleurs, percez
le mien d'un glaive d'amour, afin que j'aime
votre Jésus et le mien, comme il mérite d'être
aimé. »

« Mon Dieu, je vous aime, c'est le cri de
mon cœur: mais que ce cri se prolonge jusqu'au jour où commencera pour moi l'Éternité. Quand vous aimerai-je au ciel! »

*
* *

« Mon Dieu, je vous aime et voudrais vous
le dire à tout moment. Donnez-moi donc, je
vous en conjure, cet amour de tous les instants, qui fait que le cœur s'élance vers vous, à
son centre et son bien ! »

*
* *

« Mon Dieu, je vous aime dans la vie,
dans la mort, je vous offre tous les battements
de mon cœur. »

*
* *

« Mon Dieu, qu'on est bien lorsqu'on peut
s'occuper de vous seul et vous dire à loisir :
Je vous aime. »

*
* *

« Mon Dieu, faites que j'aie toujours mon
cœur dans les mains pour vous l'offrir. »

* *

« O mon Jésus, c'est le mois consacré à votre cœur : qu'il est doux de rendre un culte à ce cœur si aimant, si aimable! Faites que je me noie dans cet océan d'amour! »

* *

« Plus je vois les hommes de près, et plus je vous aime, ô mon Dieu. »

* *

« C'est souvent quand on semble le plus éloigné de Dieu, que tout vous porte vers lui. La vue de l'oubli et de l'ingratitude des hommes envers Dieu, ranime les cœurs dévoués. On voudrait aimer assez, pour cacher, voiler leur oubli et leur indifférence. »

* *

« Mon Dieu, je vous aime et veux vous aimer pour tous ceux qui ne vous aiment pas. — Mais peut-il se faire qu'on ne vous aime pas, ô Dieu tout aimable? »

* *

« Mon Dieu, que les saints me font rougir
de vous aimer si peu ! »

* *

« Mon Dieu, que ne donnerais-je, pour
vous aimer avec les ardeurs de sainte Thé-
rèse ! »

* *

« Mon Dieu, donnez-moi l'ardeur de vos
anges, pour vous aimer ! »

* *

« Ange de Dieu, qui êtes mon gardien,
protégez-moi, priez pour moi, et guidez-moi
dans les bras de mon Jésus ! »

* *

« Mon Dieu, depuis mardi, je n'ai pu vous
écrire : Je vous aime. L'aurez-vous trouvé, ce
mot, au fond de mon cœur. Esprit-Saint, em-
brasez ce pauvre cœur. »

*
* *

« Mon Dieu ! faut-il avoir passé tout ce temps sans vous aimer, du moins sans vous le dire ; car votre amour est toujours au fond de mon cœur. »

*
* *

« Est-il possible, mon Dieu, que j'aie pu dormir, sans vous dire : Je vous aime. Aussi mon sommeil était agité ; car je ne m'étais pas endormie dans vos bras, la tête sur votre cœur. Pardon, Seigneur ! »

*
* *

« Mon Dieu, je vous aime ; mais qu'ai-je fait aujourd'hui pour vous prouver mon amour? Mon cœur a été pauvre ; c'est souvent le dénûment de la Crèche, que vous trouvez, quand vous daignez descendre en moi. O vous, qui connaissez ma misère, ayez-en pitié. »

* *

« Mon Dieu, mon Dieu, je vous aime. Je devrais me couvrir de cendre, de tant vous dire : Je vous aime, et vous le prouver si peu. Mon esprit n'est jamais où je voudrais qu'il fût. Pitié, mon Dieu ! »

* *

« Mon Dieu, faites que je vous aime, non pas seulement de bouche, mais d'action. — Mon Dieu, ayez pitié de ma misère ! »

* *

« Mon Dieu, je vous aime. Apprenez-moi à vous le dire et à vous le prouver par mes actes. »

* *

« O Jésus, je vous aime et veux vous le prouver, en me soumettant à votre sainte volonté en toutes choses. Je sais, mon doux Jésus, que vous êtes bon autant qu'aimable, et que vous ne m'éprouverez que selon mes forces... *Fiat.* »

.·.

« Mon Dieu, je vous aime, je voudrais aussi
aimer la souffrance et la supporter pour l'a-
mour de vous. »

.·.

« Mon Dieu, combien je dois vous aimer
aujourd'hui, que vous m'avez visitée par la
souffrance et votre amour divin. »

.·.

« Mon Dieu, qu'il est doux de vous aimer et
de souffrir pour vous ! »

.·.

« Oh ! que vous m'avez aimée, mon doux
Sauveur, et que je vous ai coûté cher ! Comment,
après tout ce que vous avez fait pour moi,
osé-je dire que je vous aime, ô mon Jésus ! Je
n'ai point assez d'un cœur ; il m'en faudrait des
milliers... »

*
* *

« Dans l'amitié humaine la plus intime,
Dieu permet que nous ayons des déboires, des
contrariétés, pour nous apprendre à ne pas
trop compter sur le cœur humain qui s'endort,
quand il ne peut plus se dilater. Le cœur de
Dieu au contraire est toujours fécond, toujours
ingénieux à nous consoler et nous guérir de
nos peines et de nos maux... Mais pourquoi
demander l'impossible à l'humanité? »

*
* *

« Mon Dieu, seul vous êtes digne de notre
cœur. Ne cherchons de consolations qu'en Dieu.
Ô mon âme, lui seul répond à tous tes besoins;
lui seul peut te consoler : auprès de lui, la terre
et les hommes ne sont rien. »

*
* *

« Je puis tout en celui qui me fortifie. —
Quoi de plus vrai, Seigneur! »

*
* *

« Ô bonté infinie, vous me faites trouver des

consolations et même des joies, dans ce qui faisait naguère mon tourment. »

*
* *

« Il vaut mieux être sans soutien, que de reposer sur les créatures. Le soutien de la créature non seulement fait tomber, mais perce la main, comme dit le Prophète. »

*
* *

« O mon Jésus, je ne me sens jamais portée envers vous à cette douce familiarité dont j'ai lu bien des exemples... C'est toujours le respect que m'inspire votre présence. Ce n'est point toutefois de la crainte. Comment craindre à la vue de tant de bonté! La crainte de quelques-uns de vos saints tend bien quelquefois à m'effrayer. Mais je me rassure, en réfléchissant que votre amour en étant cause, vous ne pouvez le trouver mauvais. »

II

« La prière; c'est la paix, c'est le repos de l'âme. — Oh! qu'il est doux de prier!

*
* *

« J'ai prié aux pieds de Notre-Dame des
Victoires; qu'on est bien, que le temps paraît
court auprès de cette Vierge si bien nommée
Notre-Dame des Victoires! Combien n'en a-t-
elle pas remportées en effet, si j'en juge par
tous ces dons, ces ex-voto qui entourent son
image! J'ai passé là une bien bonne heure!
J'ai réuni tous les cœurs que j'aime, et, après
avoir demandé pour chacun ce qu'il désire, ce
dont il a besoin, je les ai déposés dans celui de
cette bonne et puissante Mère, pour qu'ils y
soient à l'abri de tous dangers. »

*
* *

« J'ai communié pour vous ce matin, priant
Dieu de vous consoler lui-même, puisque je
suis impuissante à le faire. Si on allait d'abord
à cette source suprême, que de déceptions on
s'épargnerait. Dans nos moments d'angoisses,
rien ne soulage le cœur, comme une prière
bien faite, comme un regard d'amour vers la
Croix. Je ne sais quelle main invisible sèche

nos larmes et soulève le fardeau qui oppressait notre poitrine... Qui donc a dit que la prière était un talisman contre la tristesse et le découragement! J'en ai fait l'expérience; et ce n'a jamais été sans éprouver que Dieu est infiniment bon; et que l'âme qui jette un regard d'amour vers ce bon Père est toujours soulagée. »

« O mon Dieu, je suis peu propre aux méditations de raisonnement, qui me fatiguent. Avec vous, je ne sais que recourir à mon cœur. Je ne me trouve bien qu'à vos pieds, les lèvres collées sur mon crucifix. Je ne vous dis rien; mais vous, Seigneur, vous me parlez; et mes larmes seules vous répondent. Douces larmes, expression de mon amour, parlez pour moi au cœur de Jésus et dites-lui combien je l'aime! »

*
* *

« Je ne médite presque jamais par l'esprit; c'est par le cœur que je m'entretiens avec Dieu,

et alors c'est à peine si je pense, je m'écoule
en douces et suaves aspirations d'amour, de
reconnaissance et d'admiration. Je ne me figure
Notre-Seigneur sous aucuns traits particuliers; et cependant je le sens présent avec sa
divinité et son humanité, il remplit tout mon
cœur, touche et remue tout mon être. — Je sens
aussi quelquefois Dieu le Père et le Saint-Esprit
qui remplissent mon cœur et j'éprouve une dévotion sensible, comme pour Notre-Seigneur
Jésus-Christ. »

*
* *

« Je suis plongée dans les Béatitudes, que
je goûte beaucoup en méditation, mais que je
crains de ne guère pratiquer. Cependant je
sens la miséricorde de Dieu si grande, si immense, que j'espère toujours. J'espère dans l'a-
mour de mon Sauveur, qui surpasse infiniment
ma misère. »

*
* *

La méditation, qui la charmait par excellence,

était la contemplation des merveilles opérées
par Dieu en nous. Elle avait fait composer un
cahier intitulé « le Panthéisme chrétien », pa-
raphrase philosophique des paroles de saint
Paul : « Nous avons en Dieu la vie, le mouvement et l'être » (Act., xvii), extraite des plus
hautes considérations de saint Augustin, de
Bossuet, de Fénelon et du R. P. Gratry. —
Ces pensées si élevées de l'action divine en
notre cœur, notre esprit, notre corps lui-même
et tout notre être la tenaient suspendue des
heures entières dans une contemplation où, tout
le bruit de la terre cessant, la vie du ciel commençait vraiment pour elle.

« Il fait mes délices, ce petit Recueil, je le
lis et relis toujours avec un nouvel intérêt.
Comme il apprend à nous connaître et à suivre
la route qui mène à Dieu. Jusque-là, je n'avais
qu'une idée confuse, que l'instinct, pour ainsi
dire, de toutes les merveilles que Dieu opère
en nous et pour nous. Oh! combien je me sens
portée à lui adresser cette prière de saint Augustin : « Faites que je vous connaisse et que
je me connaisse, ô mon Dieu! » C'est la clef de
toute science et surtout de l'amour divin.

Elle aimait aussi à méditer la vie des saints. Elle passait peu de jours, sans en lire quelques pages. — C'était, pour elle, selon son expression, « un vrai régal et un rafraîchissement du cœur ».

La vie quotidienne des saints, sèche et aride, lui souriait peu ; elle se contentait d'invoquer les saints du jour, avec son ange gardien et ses saints patrons.

Mais elle aimait à entrer dans l'intimité du cœur et de l'esprit de quelques saints et saintes plus connus, que l'hagiographie moderne a si bien appropriés à l'étude de la vie spirituelle.

« J'aime beaucoup, dit-elle, à m'entretenir avec ces saints personnages, qui ont passé sur la terre, n'y touchant, la plupart, que de la plante des pieds, et nous ont tracé vers le ciel un chemin tout embaumé du parfum de leurs vertus. »

« Pour moi, je prête l'oreille aux sons que rendent les âmes saintes, avec bien plus d'attention qu'à la voix du génie. »

« Les saints nous apprennent non seulement à pratiquer chaque vertu en particulier ; mais le propre des saints est de concilier en eux les vertus en apparence les plus opposées. »

Loin de se scandaliser de quelques légers défauts que l'on rencontre dans la vie des saints, elle en donnait cette belle explication :

« Ici-bas, la sainteté consiste moins à la posséder dans tout son éclat, qu'à travailler à l'acquérir. C'est ce qui explique quelques légers défauts qu'on rencontre dans la vie des saints. Encore tiennent-ils beaucoup moins à la volonté qu'au tempérament ou à l'erreur de l'esprit. »

CHAPITRE XI

SAINTE COMMUNION

PASSION DE NOTRE-SEIGNEUR JÉSUS-CHRIST

I

Cet amour de Dieu et de la prière trouvait surtout son aliment et sa vie dans la sainte communion, qu'elle recevait plusieurs fois la semaine depuis l'âge de 23 ans, et presque chaque jour depuis l'âge de 40 ans.

Elle goûtait sensiblement la présence de Notre-Seigneur dans presque toutes ses communions.

« O mon Dieu, écrit-elle elle-même, vous daignez vous communiquer sensiblement à moi dans presque toutes mes communions ; soyez à jamais béni ! Oh ! alors, je ne pense presque plus à rien ; mille sentiments réunis de reconnaissance et d'amour me remplissent l'âme. Je goûte Dieu et je dépose à ses pieds tout mon cœur, dans un doux baiser. »

*
* *

« Douée de peu d'imagination, je ne puis, comme beaucoup d'autres, ô mon Jésus, vous contempler sous une forme sensible et saisissable pour mon intelligence; mais il ne m'en semble pas moins que mon âme vous voit comme Dieu et comme homme, abstraction faite de traits, de figure, de corps. Comment cela se fait-il? Je l'ignore. C'est votre grâce, ô mon Dieu, qui, dans le besoin où je suis de dévotion sensible, agit directement sur mon âme, et de là sur mes sens. La présence de Dieu en nous est pleine de mystère et d'amour! »

La joie de son cœur se reflétait jusque sur son visage : pendant tout le temps de la communion et de l'action de grâces, son regard baigné de larmes, son sourire angélique, sa figure radieuse d'une douce clarté, témoignaient manifestement de la présence et des

ineffables communications de l'Hôte divin dans
son âme.

Ses communions n'étaient point, comme il
arrive trop souvent, un instant de ferveur qui
passe comme l'éclair, sans traces sensibles le
reste du jour ; le rayonnement en pénétrait
dans toute son âme et apparaissait jusque dans
ses actes les plus ordinaires. Sa vie tout entière se rattachait à la sainte Communion, dont
elle était une préparation ou une action de
grâces : semblable à « cette source d'eau
vive, pure comme le cristal, qui coule du trône
de l'Agneau, la sainte Communion « arrosait
son âme tout entière et y produisait des fruits
de vie et de santé ». (Apoc., XXII, 1-2.)

« Il m'est pénible, ô mon Jésus, écrivait-elle
dans ses communications intimes avec Dieu,
il m'est pénible de vous quitter, de vous laisser
seul dans votre tabernacle. Ce m'est cependant
une pensée bien consolante de savoir que l'u-
nion avec Dieu subsiste après la sainte Communion. Vous m'avez donné votre cœur et
vous avez pris le mien, pour le travailler et le
transformer à votre image. O le doux échange !
Je possède votre cœur, ô mon Dieu ! Puis-je

avoir d'autre désir que de lui plaire et de le
réjouir, et d'autre crainte que de le contrister!
— Aussi, je jouis le matin du plus beau calme
du monde; le bonheur d'être unie à mon Sauveur me pénètre, s'écoule en mon âme et me
transforme en quelque chose que je ne puis
dire. Il faut donc se taire et goûter en silence! »

La Communion était devenue son aliment
et sa vie spirituellement, moralement et presque physiquement; l'esprit, le cœur, et jusqu'au corps ressentaient la privation de cette
nourriture divine, et en souffraient une lan-
gueur inaccoutumée.

« Aujourd'hui, il a fallu me contenter de la
communion spirituelle; mais ce n'est pas la
même chose pour mon cœur. Combien je suis
triste et abattue, quand cela m'arrive; il semble
que je n'aie pas la force de vivre, sans la sainte
Communion! c'est véritablement mon bien et
ma vie. »

*
* *

« J'étais encore tout affaissée et je n'ai pu
me lever pour la messe de ce matin. Quand le

cœur est content, le corps est allègre ; mais ce
n'était pas mon fait, j'étais encore sous l'impression d'hier... Cependant, comme j'avais
besoin de réconfort et de consolations, je suis
allée les demander à celui qui s'est fait l'écho
de toutes douleurs, pour les consoler toutes.
J'ai donc été à l'église avant la grand'messe,
j'ai eu le bonheur de communier et je suis revenue heureuse, bien que privée de ma plus
grande consolation humaine... Oh! mon Jésus,
vous êtes le Dieu de toute consolation. Quel
cœur peut souffrir encore, quand il a le bonheur
de vous posséder ! ! ! »

« Sans le bon Dieu, que je reçois tous les
matins, je n'y tiendrais pas, je serais triste à
mourir... Mais le divin Jésus me console et me
fortifie. Quand je sens sa divine présence, j'oublie tout. »

*
* *

« Hier, je fus privée de mon bien le plus
grand. Oh! que la vie est triste, quand on est
privé de son Dieu!! J'ai beau méditer et chercher à me consoler par la communion spiri-

tuelle, tout me fait sentir plus vivement encore la perte que je fais. Quand je ne communie pas, je ne voudrais voir personne, il me coûte de goûter d'autres joies. Il m'a fallu cependant accompagner ma sœur à un dîner de famille. Je fus bien tentée de lui dire que mon cœur était en deuil. »

*
* *

« J'ai fait la paresseuse ce matin. Le malin, aidé de mon oreiller, m'a soufflé que j'étais trop en négligé (moral), pour me présenter à la sainte table, et que je pouvais dormir un peu plus longtemps. Je referme les yeux, mais mon bon ange me dit que, dans tous les cas, je pouvais aller à la messe. Pendant que je suis assiégée par le bon et le mauvais esprit, la messe sonne, il n'est plus temps de délibérer. Aussitôt habillée, je déjeune et je mets le nez à la porte, pour aller prier Dieu dans le jardin. Je vois à la grille toute la famille d'A... avec leur curé et vicaire. Ils me prennent en voiture ; et me voilà allant entendre la messe à Notre-Dame de P..., regrettant bien d'avoir déjeuné ; mes scrupules étaient passés. »

*
* *

« Je viens de passer une triste semaine.
J'ai pu seulement aller à la messe ce matin
et jouir du bonheur dont j'étais privée depuis si longtemps. Que je ne comprends
guère ceux qui s'éloignent volontairement de
la table sainte. Peut-on vivre sans elle? Non,
non, ce n'est pas vivre, c'est languir, c'est
mourir de consomption. Les deux derniers
jours de la semaine surtout, j'en ressentis
toutes les atteintes.

« Ce n'est pas de la résignation, cela, j'en
conviens. L'âme entièrement à Dieu se plaît
dans toutes les positions où il la met. C'est
triste à dire; mais je sens que je ne suis encore qu'en lisière, pour marcher dans le chemin
de la perfection; et que, comme aux enfants,
il me faut quelque chose de doux pour m'encourager. »

*
* *

« Une seule chose me calme et me sou-
tient, c'est la Communion. Dieu fait sentir

qu'il est le souverain Consolateur, l'unique
appui de l'âme souffrante. L'assistance divine
change tout en nous : on ne souffre pas moins,
mais on souffre en chrétien, on souffre avec
Dieu et pour Dieu, en un mot en aimant, ce
qui adoucit toutes choses. »

*
* *

« Sans Dieu, que devenir? que faire d'un
cœur désolé, qui ne cherche qu'à s'échapper
à tout moment vers les créatures? Si Dieu ne
le garde, tout est perdu. Avec sa divine assistance, tout est transformé! »

*
* *

« O amour, amour de mon Jésus!!! Comment ne pas vous aimer dans ce sacrement
d'amour que vous avez établi pour ne jamais
quitter vos misérables créatures : ce n'est
pas assez d'un cœur pour vous aimer, ô Dieu
des tabernacles! »

*
* *

« Qu'il est doux, ô mon Jésus, de vous aimer et de vous le dire! qu'il est doux de vous contempler sur nos autels, quoique caché à nos yeux! Mais si vous êtes là, voilé à nos regards, vous vous faites sentir à nos cœurs. »

*
* *

« Qu'on est bien à vos pieds, ô mon Jésus, à l'ombre de vos autels, en face de cette petite porte dorée, derrière laquelle vous m'é-coutez. »

*
* *

« Vous savez, ô mon Dieu, que je ne m'é-loigne jamais de vous, sans souffrir, par acte de raison. »

*
* *

« O petite lampe, toujours allumée devant le Saint Sacrement, que de fois j'ai envié ton sort et souhaité d'être à ta place! »

*
* *

Le matin, elle faisait la Communion sacramentelle ; mais elle continuait tout le jour à en savourer les délices, par la communion spirituelle.

« Mon Seigneur Jésus, venez en moi, je vous désire et je m'attache à vous : demeurons toujours unis.

« O mon Jésus, faites que cette communion spirituelle ait lieu à chaque heure du jour. »

*
* *

« O mon Dieu, que je vous aime et que j'ai grand'faim de vous ! »

Elle seule peut nous dire tout ce qu'elle goûtait de douceurs dans la sainte Communion.

« Que j'ai souffert, ce matin, ô mon Dieu, quand il a fallu m'arracher de vos bras, pour reporter ma pensée aux choses de la terre ! Je sentais toute votre bonté et votre miséricorde dans la sainte Eucharistie, avec une sensibilité qui remuait tout mon être, soulevait mon cœur et remplissait mes yeux de larmes. Je vous voyais, franchissant les infinis qui vous séparent de votre créature, l'océan de mes iniquités, les montagnes de mon orgueil, pour descendre dans une pauvre âme comme la mienne. J'étais tellement oppressée du poids de votre amour, si vivement attirée vers vous, que je me sentais réellement défaillir et mourir. Oh! comme la mort m'eût été douce! — Les bruits de la terre sont venus m'arracher à mes ravissements; mais qu'il m'en a coûté de vous quitter! »

Aussi, avec quelle tendresse, quelle générosité de sentiments, elle témoignait à Dieu sa reconnaissance, pour ce grand don de son amour!

« O Seigneur, soyez mille et mille fois béni, de venir ainsi chaque jour me fortifier et me transformer! *Quid retribuam!* — Mes larmes mêmes sont impuissantes à vous témoigner ma reconnaissance et mon amour. Oh! qui peut dire les douceurs ineffables, les consolations infinies que l'on goûte à porter en soi l'hôte divin.

« Je voudrais parler et je ne puis m'exprimer. Tout ce qui est de l'intime entre Notre-Seigneur et ses créatures, ne peut pas se décrire à mon avis. Amour et douceur, qui pourrait exprimer vos délices! Les choses du ciel ne se traduiront que dans le ciel! Je jouis le matin du plus beau calme du monde. Le bonheur d'être unie à mon Sauveur me pénètre, s'écoule en mon âme et se transforme en quelque chose que je ne puis dire. Il faut donc se taire et goûter en silence! Que ne puis-je mourir d'amour, non pour payer un si grand bienfait; mais pour aller jusqu'aux limites possibles à l'humanité. »

Son humilité, son abnégation, sa parfaite conformité à la volonté de Dieu se retrouvaient jusqu'au pied des tabernacles, dans la sainte Communion, « son bien le plus grand, sa vie », ainsi qu'elle l'appelle.

« Il m'arrive quelquefois d'être sèche, sans pensées ni sentiments dans la méditation et même dans l'action de grâces après la sainte Communion. — Ce n'est que justice, ô mon Dieu! Non seulement, par là, vous punissez mes négligences, mon défaut de correspondance à vos grâces ; mais encore vous m'enseignez que la ferveur ne dépend pas de nous. — Tout nous vient de vous, même l'amour de nos cœurs qui remonte vers vous : vous seul le faites naître, vous seul le faites jaillir au gré de votre volonté. »

*
* *

« Dans la plupart de mes communions, je goûte le bon Dieu ; et si cela n'a point lieu, je ne me plains pas. J'en suis presque heureuse, quoique j'en souffre ; car je me sens indigne d'une pareille faveur. J'accepte ces privations avec reconnaissance, comme un châtiment mérité. L'aveu de sa bassesse et de son indignité aux pieds de Dieu, possède aussi ses consolations et supplée aux jouissances de l'amour sensible. — Il est bon et utile que le regard s'abaisse quelquefois de Dieu si grand et si pur sur notre néant et notre misère. L'humilité porte avec soi l'oubli et le pardon des fautes. Fidèle à sa promesse, Dieu qui abaisse et éloigne de lui les superbes, s'incline de son trône de gloire vers le publicain se frappant la poitrine; il souffre à ses pieds Madeleine pénitente et lui adresse ces paroles si consolantes : « Beaucoup de péchés lui ont été remis, parce qu'elle a beaucoup aimé. »

« Sous le regard de Dieu, à sa voix qui nous appelle, le cœur tressaille d'allégresse; et bientôt jaillit l'étincelle ou fondent les larmes de l'amour.

« Dieu est comme la mère qui n'éloigne un instant son enfant que pour le rapprocher ensuite et le presser plus ardemment sur son sein.

« L'amour divin est souvent à une grande profondeur dans notre cœur. L'humilité est le seau de la Samaritaine, dont Jésus se sert pour se désaltérer au puits de notre cœur. »

La sainte Eucharistie eut toujours une large part dans son esprit et dans son cœur. Mais les huit dernières années de sa vie, ce fut le principal, presque l'unique sujet de ses méditations; excepté en quelques fêtes réservées et le vendredi consacré à la douloureuse Passion.

Interrogée comment elle pouvait suffire à

toujours occuper ses pensées du même objet, elle répondit avec un certain étonnement : « Mais est-ce qu'on se fatigue à penser aux personnes que l'on aime? L'esprit et le cœur sont-ils sans cesse à la recherche de pensées et de sentiments nouveaux pour les aimer? Tout n'est-il pas dans ce mot : j'aime? J'en agis de même avec Dieu. »

Sa santé, qui alors surtout ne lui permettait pas de demeurer longtemps à jeun, la forçait de quitter l'église après l'action de grâces. Mais, aussitôt, après le déjeuner et les ordres donnés à sa maison, elle rentrait dans ses appartements, pour faire, ou plutôt pour continuer sa méditation, où les émotions, les saintes ardeurs de la Communion se reproduisaient non moins vives, et plus libres qu'à l'église sous les yeux du public. L'heure réglementaire, pour vaquer aux soins de la terre, la surprenait le plus souvent toute en larmes, les lèvres collées sur son crucifix, qu'elle ne quittait guère de la main ou des yeux pendant la méditation.

Mlle de Gallery connaissait depuis longtemps le don des larmes, appelé par saint Augustin

« le sang de l'âme » et au moyen âge « l'eau
du cœur »... de « ces larmes douces et rafraî-
chissantes qui révèlent au fond de l'âme la présence d'un trésor inépuisable de grâces et de
consolations d'En-Haut ».

(*Sainte Élisabeth*, par de Montalembert.)

II

La Passion de Notre-Seigneur excitait sa
dévotion, presque à l'égal de la sainte Communion. Empruntons à ses feuilles intimes, confi-
dentes de ses pensées et de son amour, quelques élévations et aspirations pieuses sur ce
sujet si propre à enflammer son cœur.

« Les dons ne mesurent pas l'amour comme
les sacrifices. C'est une si grande satisfaction
que de combler de dons un objet aimé ! Mais se
sacrifier en tout, se sacrifier toujours, c'est le
sublime de l'amour ! Et se sacrifier chaque jour
pour des indifférents et des ingrats, c'est le
propre de l'Homme-Dieu ! »

*
* *

« Qu'on souffre pour des amis, qui sympa-
thisent à nos douleurs, et nous paient d'amour
et de reconnaissance, rien de plus naturel. Mais
vous, ô mon Jésus, vous êtes mort pour des
ingrats et des ennemis ! »

« Quel spectateur, pendant les scènes dou-
loureuses de la Passion, comprenait et sentait
votre sublime sacrifice ? Votre sainte Mère seule
peut-être ? Vos disciples en fuite, ou ne suivant que de loin, commençaient à douter même
de votre divinité. Tandis que la nature s'ébran-
lait jusque dans ses fondements, le monde, plus
inconscient et plus insensible que les rochers,
à la mort du Dieu de l'Univers, prêtait un regard surpris et effrayé, suivi bientôt de la plus
complète indifférence. Comment, ô mon Dieu,
pouvez-vous supporter tant d'ingratitude ? Ah !
vous voyez votre divin Fils, les bras étendus
en croix, qui demande grâce et miséricorde.
Ô bonté infinie de Dieu ! »

*
* *

« Combien vous me touchez, ô mon Jésus, au jardin des Oliviers, dans le besoin, que vous n'hésitez point à manifester, des consolations et de l'amitié des hommes! Vous avez choisi vos trois disciples de prédilection, pour épancher en leur sein les tristesses de votre agonie.

« Quand je pense que mon Dieu a besoin de notre amour et le sollicite, je tombe à ses pieds et je demeure tout interdite, l'amour inonde mon cœur et jaillit jusqu'à mes yeux.

« N'ai-je jamais dormi, moi aussi, pendant que vous souffriez et m'invitiez à veiller et à prier avec vous! »

*
* *

« Mon crucifix ne m'est point un métal insensible. Je lui parle, et il me répond : je le baise, et son baiser échauffe mon âme. Il est le confident de toutes mes joies, comme de toutes mes peines. Dans l'absence des êtres aimés, je les dépose, dans un doux baiser, au pied de mon crucifix. »

*
* *

« Je suis encore tout émue d'un sermon que je viens d'entendre, prêché par un dominicain. Hier il m'a tellement attendrie, en nous montrant Marie au pied de la croix, que mon cœur semblait avoir suspendu ses fonctions vitales. — Ce matin, c'était un bouquet spirituel des souffrances d'hier... sur la patience, cette fleur qui fait les saints et qui ne fleurit qu'au Golgotha, arrosée du sang de Jésus-Christ. En tout cela, rien de neuf sans doute ; mais ces vérités, vieilles comme le monde, étaient si bien senties et si bien exprimées ! »

*
* *

« La sainte Eucharistie et votre Passion, ô mon Jésus, font le sujet de presque toutes mes méditations et des élévations de mon âme vers vous. Ces deux grands mystères ne renferment-ils pas toute notre sainte religion ? Où peut-on mieux s'instruire qu'à l'école et sur le cœur du Fils de Dieu? Quels retours sur soi-même, pleins de compassion et quels fermes propos ne nous inspire pas la vue de Dieu crucifié pour expier nos péchés! Comment demeurer insensible pour un Dieu attaché à la croix, caché pour nous dans la sainte Eucharistie! »

.·.

« Quand un Dieu choisit pour lit la Croix, tout n'est-il pas assez bon pour nous, misérable créature! Ah! si on avait toujours cette pensée d'un Dieu mourant pour nous, dans les malheurs et les épreuves... comme cela nous rendrait forts et courageux! »

.·.

« C'est au pied de mon crucifix que je sens le mieux que je vous aime, ô mon Dieu. Comment ne pas implorer cette victime d'amour et ne pas pleurer les péchés qui ont causé un tel supplice! — Mon Dieu, faites que je meure de regret et d'amour! »

CHAPITRE XII

« On ne peut trop déplorer l'aveuglement des hommes, de ne pas vouloir penser à la mort, et de se détourner d'une chose inévitable, que l'on peut rendre heureuse, en y pensant souvent. La mort ne trouble que les personnes charnelles. « Le parfait amour chasse la crainte, dit saint Jean. » (I, Joan., iv, 18.) Ce n'est pas pour se croire juste qu'on cesse de craindre : c'est pour aimer simplement et s'abandonner sans retour sur soi à celui qu'on aime. Voilà ce qui rend la mort douce et précieuse. Quand on est mort à soi-même, la mort du corps n'est plus que la consommation de l'œuvre de la grâce. » (Fénelon.)

La pensée de la mort était familière à

Mlle de Gallery, qui lui souriait comme à la messagère d'une bonne nouvelle depuis long-temps attendue. A propos de la mort d'un enfant, jugeons de son impression habituelle vis-à-vis de la mort : « Ce petit ange, si gentil, si caressant, si aimant, si aimé, s'est envolé au ciel ! Cher petit, il méritait bien ce bonheur anticipé ; car il est vrai qu'il n'était pas ordinaire, cet enfant. »

Elle ne tenait à la terre que par les bonnes et pures affections du cœur. Chaque mort des êtres qui lui étaient chers, la détachait de plus en plus de ce monde et emportait vers le Ciel une partie de son cœur. Les anniversaires de ceux qu'elle avait aimés, étaient pour elle des jours solennels et sacrés. Son cœur était un sanctuaire où le souvenir de toutes ses affec-tions se conservait, dans sa fraîcheur et sa vivacité, après la mort, comme durant la vie. Elle aimait à s'entretenir du bonheur d'être reçue un jour dans le ciel avec tous ceux qui lui étaient chers.

Les douceurs et les joies passagères de ce monde n'étaient pour elle qu'un avant-goût du ciel. La mort, loin de rompre pour elle les

liens de l'affection, les rendait éternels et indissolubles.

« Quitter ses amis pour Dieu, disait-elle,
c'est les posséder sans fin. »

Un poète a dit : « Quand l'oiseau marche,
on sent qu'il a des ailes. »

Ne peut-on pas dire de certaines âmes privilégiées que, tout en demeurant sur la terre,
elles respirent une vie supérieure ? Mlle de Gallery ne semblait tenir à la terre que par la
plante des pieds : son âme vivait plus haut,
et, par les élans de son esprit et de son cœur,
tendait sans cesse vers le ciel. Il y avait des
jours surtout, où elle se sentait violemment
attirée en haut, et où l'air vicié de la terre
semblait l'étouffer.

La mort, loin de l'effrayer, lui apparaissait
comme l'heure de la délivrance, elle s'en en-
tretenait avec le calme et la joie qu'on parle
d'un voyage heureux et désiré.

« Je suis revenue d'A... avec un coup de sang
dans les yeux. A force de frapper aux fenêtres,
il finira par entrer dans la maison. *Fiat voluntas
Dei.* — Plus je vais, plus je le dis aisément ce
sublime *Fiat;* car plus on avance dans la vie,

plus on voit le néant de toutes choses. Les misères humaines et les nôtres, n'est-ce pas bien fait pour dégoûter de la terre? Pour moi, j'en suis parfois si saturée, que je pense avec joie au jour de la délivrance. Je m'appuie sur la miséricorde divine, et je dis : « Seigneur, quand m'appellerez-vous au céleste séjour? »

*
* *

« Si je ne me trompe, ce n'est pas pour moi que je crains les souffrances et la mort. La souffrance, je l'ai endurée dix années de ma jeunesse. Dieu m'a soutenue; et il me semble, maintenant que tout est passé, que c'était mon temps le meilleur, n'eût été la douleur de tous les miens... tant il est vrai qu'on souffre plus par le cœur que par toute autre cause.

« Maintenant, comme jadis, je veux être à tout jamais disposée à la mort, comme à la souffrance. Dieu m'a tant donné, que ce serait ingratitude de lui refuser quelque chose; et tant qu'il s'agira de moi surtout, le sacrifice sera bientôt fait...

« Il me semble que j'ai tant le désir de voir
Dieu, d'être engloutie dans ce cœur divin!
Oh! qu'on doit être bien là, même sans ceux
qu'on aime le plus sur la terre; car Dieu est
tout amour et absorbe tout. »

* *
*

Je crois que la chaleur opère sur mon esprit, comme sur mon corps; car depuis quelque temps, je m'alourdis étonnamment, mes
jambes ont de la peine à me porter, ma pensée
reste dans mon cerveau, empâtée ou empêtrée
par je ne sais quoi, je n'ai plus d'idées... Se-
rait-ce un commencement de paralysie? A mon
âge, on doit s'attendre à tout, même à la mort
subite; vous avez beau me recommander de
me ménager, vous savez bien que tous les soins,
toutes les précautions ne peuvent rien contre
cet arrêt : « Il faut mourir ». Combien n'en
est-il pas qui sont appelés plus jeunes que moi,
et dont l'existence était plus utile et mieux
employée! »

*
* *

« Qu'importe à l'oiseau qui est à l'extrémité d'une branche, que cette branche plie sous ses pieds? Ne sait-il pas qu'il a des ailes. L'âme chrétienne possède aussi des ailes, pour l'emporter, quand le corps vient à fléchir sous son poids. »

Ces aspirations célestes devenaient, vers la fin de sa vie, de plus en plus fréquentes et plus irrésistibles.

Tout ce qui a coutume cependant de procurer ici-bas la paix et le bonheur, semblait lui sourire. Mais son âme, altérée de jouissances inconnues à la terre, avait la nostalgie céleste. — C'est souvent au milieu des rires et de la gaieté, que les yeux de l'exilé se mouillent de larmes : il pense à d'autres joies, d'autres plaisirs. C'est aussi au milieu des réjouissances et des distractions de la terre que l'âme, altérée des joies du ciel, sent le plus vivement le néant et la vanité de ce monde.

Son âme si forte et si courageuse éprouvait des besoins de plus en plus fréquents et irré-

sistibles de fondre en larmes au pied du crucifix et du tabernacle.

« C'est dans les larmes, écrit-elle, que je
goûte les plus douces jouissances : si la douleur a ses larmes, la joie et l'espérance ont
aussi les leurs. »

*
* *

« Oh! le ciel, l'autre vie, pour nous consoler
d'être sur la terre! »

*
* *

« J'ai besoin de repos, je suis lasse et puis
à peine me soutenir; il me serait si doux de
me reposer au sein de mon Dieu! »

*
* *

Malgré les apparences d'une assez bonne
santé, elle commençait à éprouver des symp-
tômes non équivoques d'une fin prochaine.

Laissons-la parler elle-même :

« Je suis arrivée très fatiguée, bien que je sois venue très doucement, en une bonne voiture.

« Je me sens mieux, depuis que je suis entourée de si bons soins et de tant d'affection. Mon Dieu, quel baume vous m'avez donné dans ces cœurs compatissants. L'air d'ici me fait du bien aussi ; et puis, je suis un régime qui devra réparer mes forces. Cette maladie, qui n'a d'autres souffrances que de vous anéantir, est par là même assez pénible : il semble qu'on aille toujours se trouver mal. Je suis obligée de prendre quelque chose à chaque instant de la nuit.

« La plume me pèse à la main, et plus encore sur le cœur, quand elle ne peut tracer ce qu'il lui dicte...

« J'ai essayé d'aller à la messe aujourd'hui ; je n'y vais plus depuis longtemps déjà ; j'en suis affligée aux larmes ; je suis bien faible, depuis que je ne reçois plus le pain des forts...

« Le pouls, dit le docteur, est un peu meilleur, mais, hélas ! je ne m'en sens guère. Il me faut un verre de malaga, pour achever ma toilette. Je suis sans appétit, et je ne mange que par raison...

« Le bulletin de l'âme se ressent aussi de son enveloppe. Je ne puis aller à la messe que le dimanche ; et, malgré qu'on me donne la Communion avant la messe, pour que je puisse prendre quelque chose avant d'y assister, je suis au retour, près d'une heure, sans trop savoir si je vis... Mais intérieurement je me dis : Je recommencerai dimanche : d'ailleurs, ce n'est pas trop de vivre une fois la semaine... vous le savez, c'est ma vie.

« Que vous me faites plaisir de m'envoyer de si charmantes et courtes aspirations à Jésus dans le tabernacle. J'y dépose mon cœur chaque jour...

« J'étais tellement fatiguée hier, que j'ai été obligée d'en rester là, n'ayant pas même la conscience de ce que je voulais dire. J'eus, après dîner, un débordement de larmes, j'étouffais, je fus une heure ainsi... C'est, je veux dire, ce serait bien pénible pour moi, si j'étais capable de sentir vraiment la répulsion de la souffrance. Je n'ai que la force de me laisser aller à la volonté de Dieu. Priez, pour que je tire parti de ces langueurs. Pourvu qu'elles ne passent pas à l'âme, c'est tout ce que je demande ; et, encore, faudrait-il bien dire *Fiat*, si c'était la volonté suprême ! »

La maladie se caractérisait chaque jour : c'était un squirre de l'estomac.

Malgré cet abandon si complet entre les mains de la Providence à l'égard de ses desseins sur elle, l'ardeur et le dévouement de son amour n'auraient point choisi, si Dieu lui eût donné le choix, la mort ordinaire.

Entendons-la confier à Dieu des vœux, dont sans doute elle ne cherchait à prévoir ni à s'expliquer la possibilité, mais qui n'en reposaient pas moins parmi les sentiments les plus profonds et les plus vrais de son cœur :

« O Seigneur, soyez mille et mille fois béni de vous donner chaque jour à moi dans la sainte Communion. *Quid retribuam!!!* Mes larmes sont impuissantes à vous témoigner ma reconnaissance et mon amour. Que ne puis-je mourir d'amour, non pour payer un si grand bienfait, mais pour aller jusqu'aux limites possibles à l'humanité ! »

* *

« Faites que mon dernier soupir soit un : Je vous aime et meurs pour vous. »

* *

« Oui, mon Dieu, je vous aime à la vie, à la mort ! Que l'une et l'autre soient employées à vous dire : Je vous aime !

* *

« Mon Dieu, je vous aime ; mais je voudrais vous aimer comme le saint de ce jour, qui donna sa vie pour vous témoigner son amour ! »

* *

« Mon Dieu, je vous aime triomphant et glorieux de la mort et de l'enfer. Ah ! quand vous aimerai-je dans le ciel avec vos élus ! »

Dieu exauça ses vœux, en agréant l'holocauste de cette vie tant de fois martyre par le désir et la volonté.

Il est un martyre supérieur au sacrifice de la
vie pour le salut de son âme propre, c'est le sacrifice de la vie pour le salut de l'âme du prochain; car à l'amour héroïque de Dieu, se joint
l'amour héroïque du prochain.

Déjà, dans sa jeunesse, Mlle de Gallery avait
offert sa vie pour le retour complet à Dieu de
son père. Dieu s'était contenté d'une maladie
de dix années, supportée avec tout l'héroïsme
de la patience chrétienne. Elle renouvela une
seconde fois à Dieu la même offrande pour le
salut d'une âme moins précieuse humainement
pour elle que la première. Dieu accepta cette
fois le sacrifice dans tout son entier et ne tarda
pas à réclamer sa victime. Celui pour qui elle
s'offrait, mourait muni de tous les sacrements
de l'Église; et elle le suivit le même mois de
saint Joseph.

Sa santé, languissante depuis plusieurs mois,
mais sans aucun danger pour la vie, annonça dès
lors tous les caractères d'une mort imminente.

Mlle de Gallery conserva, au milieu des souffrances, le calme et la sérénité de l'âme, avec
l'oubli de soi-même et toutes ses habitudes de
dévouement.

On implorait avec instance, auprès de Dieu,
des reliques des saints, sa guérison miracu-
leuse. — « Vous ne demandez pas mon bonheur,
disait-elle, avec son sourire affectueux. Il vaut
mieux pour moi que je meure. — Mais ne con-
sentez-vous point à vivre pour nous? lui de-
manda-t-on. — Ah! vous paraissez si malheureux que j'y consens, si toutefois c'est la
volonté de Dieu. »

Pas une plainte, pas un murmure, pas une
réflexion sur ses souffrances. L'agitation de la
ville, et le bruit surtout d'un marché voisin en
un jour de grande foire, causaient de vives inquiétudes à ses gardes-malades. « Que voulez-
vous, leur disait-elle, est-ce que ces pauvres
gens sont tenus de savoir que je souffre et de
changer leurs habitudes? »

Elle dissimulait avec soin ses impressions et
ses souffrances. « On me croit mieux, répétait-
elle à la religieuse, gardez-vous de les en dis-
suader, laissez-leur goûter quelques instants
d'espoir et de consolation. »

Durant sa maladie, elle se confessait souvent
et communia plusieurs fois, surtout la dernière
semaine. Elle priait le prêtre de vouloir bien

l'aider à faire son action de grâces après la Communion. Ce fut elle-même qui demanda avec instance l'extrême-onction, qu'elle voulait recevoir en pleine connaissance. Elle la reçut, les yeux fixés au ciel, répondant distinctement à la plupart des prières.

Elle n'eut bientôt plus, pour ceux qui l'entouraient, que quelques rares paroles, mais un fréquent et rayonnant sourire de tendresse et de reconnaissance.

Toute absorbée en Dieu, le regard fixé vers le Ciel, elle attendait dans le calme et le silence le signal de l'appel. « Ah! je n'aurais pas cru, dit-elle en souriant, que la vie eût été si fortement chevillée à mon corps. » L'agonie suivit bientôt ces paroles.

La poitrine s'emplit, la respiration bruyante de l'étouffement se fit entendre, le sang afflua avec violence au visage. Le corps lutta ainsi pendant plus de douze heures contre la mort.

— Jamais athlète ne parut plus beau et plus sublime sur l'arène.

Le médecin menaçait que l'agonie pouvait encore se prolonger longtemps. Le prêtre récita trois fois de suite les prières des mourants:

et presque aussitôt après, un cri entrecoupé se
fit entendre : elle rendait son âme à Dieu.

Parée de la double auréole de la charité parfaite, envers Dieu et le prochain, elle se pré-
senta devant son juge, avec cette assurance de
l'amour qui chasse toute crainte et qui lui faisait
dire pendant sa vie : « Je n'éprouve à votre égard,
ô mon Dieu, aucun sentiment de crainte ; mais je
me rassure en réfléchissant que l'amour en étant
cause, vous ne pouvez le trouver mauvais. »

Son visage, agité par les convulsions de l'a-
gonie, reprit immédiatement, entre les bras de
la mort, sa douce sérénité et son angélique
sourire. Je ne sais quel suave rayonnement de
pureté se répandit sur ses traits et faisait dire
à ceux qui la voyaient : « La mort elle-même
proclame sa pureté ».

On éprouvait à sa vue l'impression du vieil
historien de sainte Élisabeth de Hongrie : « il
semblait qu'on vît briller, à travers les ombres
et les ténèbres de la mort, quelques-unes des
beautés immortelles, ou que la gloire même eût
répandu par avance ses rayons sur une chair,
qu'elle devait toute couvrir, un jour, de lumière
et de clarté ».

Rien d'étonnant sans doute à ce que la mort respecte « les habitudes célestes que l'âme chrétiennement pudique a imprimées à des membres fragiles et terrestres ». (Saint Augustin.)

La décomposition du sang, qui avait déjà précédé la mort, suspendit son action naturelle ; et, durant les cinquante-trois heures qui s'écoulèrent jusqu'à la sépulture, il demeura vermeil aux lèvres et autour des yeux, au milieu de la blancheur d'albâtre du reste de la figure.

Ainsi mourut Mlle Octavie de Gallery, à l'âge de soixante-deux ans.

Hæc est virgo sapiens et una de numero Prudentium, quam Dominus vigilantem invenit : « Vierge Sage et du nombre des Prudentes, elle fut trouvée, par le Seigneur, veillant et priant. »

TABLE DES MATIÈRES

	Pages.
INTRODUCTION	VII
CHAPITRE Ier. — Famille de Gallery	1
CHAPITRE II. — Enfance et jeunesse d'Octavie de Gallery..	16
CHAPITRE III. — Portrait physique et intellectuel	49
CHAPITRE IV. — Cœur et affections	63
CHAPITRE V. — Noblesse et bonté de cœur. — Patriotisme. — Zèle du salut des âmes	115
CHAPITRE VI. — Mission de la femme chrétienne dans la société	135
CHAPITRE VII. — Piété, esprit de foi, paix de l'âme	162
CHAPITRE VIII. — Humilité et douceur	186
CHAPITRE IX. — Pureté	198
CHAPITRE X. — Amour de Dieu et de la prière	218
CHAPITRE XI. — Sainte Communion. Passion de Notre-Seigneur Jésus-Christ	239
CHAPITRE XII. — Mort	259

TYPOGRAPHIE FIRMIN-DIDOT ET Cie. — MESNIL (EURE).